新国際物流論

Introduction to International Transport and Logistics

基礎からDXまで

平田 燕奈・松田 琢磨・渡部 大輔

Enna Hirata・Takuma Matsuda・Daisuke Watanabe

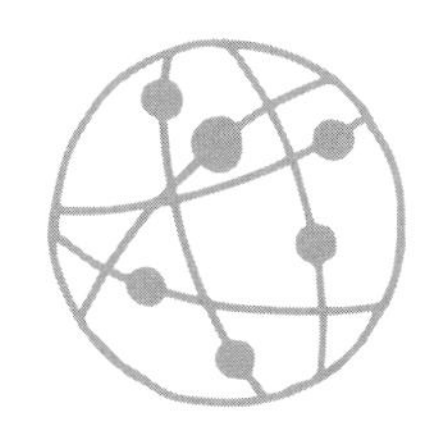

晃洋書房

はじめに

産業と商業のグローバル化は，多くの利益をもたらしたが，同時に多くの課題ももたらした．かつてローカルな市場にしか製品を供給していなかった企業は，今や本来の本拠地から遠く離れた場所にいる顧客や消費者にまで手を伸ばしている．同時に，調達と製造は世界中に広がっている．近年，コロナ禍がサプライチェーンに巨大な影響を与え，供給と流通のネットワークはより複雑になり，不確実性が増している．このような物理的・情報的な流れのグローバルなネットワークを管理・調整することは，絶えず変化する市場において競争力を維持するために，企業にとって重要な優先事項となっている．さらに，国連加盟国 193 カ国が掲げる，2030 年までに達成すべき 17 の SDGs ゴール，「持続可能な開発目標」を実現するために，国際物流にも変革が求められている．より高度な物流とサプライチェーンの管理能力に対するニーズは，かつてないほど高まっている．

サプライチェーンのグローバル化が進む中，物流分野における自動化・デジタル化を通じたDX（デジタルトランスフォーメーション）が進行中である．このような複雑なネットワークを効果的に管理するために必要な知識と経験を持つ管理者の不足が深刻化している．このギャップを埋める１つの方法として，大学やビジネススクールなどの機関において，新しい物流のコースを提供することがある．このような教育やマネジメント開発の取組みを支援するためには，適切で実用的な情報源や最新の技術教材に容易にアクセスできることが不可欠である．そのため，このたび本書を出版する運びとなった．本書は，国際物流の基本から，近代物流に取り巻く環境や物流の持続可能な発展，物流 DX の概要・課題・導入方法までを紹介するものである．合計２単位の講義内容で構成している．学生や物流管理職の方が本書を読み，本書から学び，自信を持って国際物流業務に従事できることを心から願っている．

目　次

講義用資料について

本書をご講義等でお使いいただくときの教員向け資料（パワーポイント）を，別途，ご用意しております．

講義用資料は，小社 HP よりダウンロードしてご利用いただくことができますが，ダウンロードページの閲覧には認証用パスワードが必要となります．

講義用資料をご希望の教員の方は，下記専用のメールアドレスに

① 書名『新国際物流論 基礎から DX まで』
② お名前
③ ご所属
④ ご所属先住所
⑤ 電話番号
⑥ メールアドレス

をご記入のうえご連絡ください．送信いただいたメールを確認のうえ，ダウンロードページとパスワードをご案内させていただきます．

晃洋書房　講義用資料専用メールアドレス：exp@koyoshobo.net

第1章

イントロダクション

本章では，物流とサプライチェーンマネジメント（SCM：Supply Chain Management）の起源，両者の用語の定義と区別について述べる．国際物流の概要を解説した後，参加者によって構成されるエコシステムについても紹介する．

1 国際物流の概要

（1）物流とは何か？

一般的に，物流（Logistics）は施設，または物資を含む複雑なプロセスを詳しく調整することと定義されている．Logistics の言葉の語源については諸説ありと言える．「計算に長けた」という意味のギリシャ語の logistikos に由来する説と，ローマ時代やビザンチン時代には，ロジスタと呼ばれる軍人がいたとの説もある．最近では，フランス語の logistique 由来説が主流となっている．この言葉は 19 世紀に英語になり，「軍隊や装備の移動と供給」という意味で，軍事用語として一般的に使われるようになった．

この起源から，物流は，数学のアプリケーションと関係があり，主に軍事的な概念であることが分かる．しかし，今日，物流は軍事および数学の領域を超えて広がっている．物流という用語が軍事以外の分野で一般的に使われるようになったのは，実は 20 世紀後半のことである．米サプライマネジメント協会（www.cscmp.org）は，物流を次のように定義している[1]．

「物流とは，顧客の要求に応じ，商品を出発地から消費地まで効率的かつ効果的に**輸送**，**保管**するための手順を計画，実施，管理するプロセスである．この定義には，インバウンド，アウトバウンド，内部および外部の移動が含まれる.」

この定義から，輸送と保管は物流におけるコア活動であることが分かる．物流の基盤は，主に道路，鉄道，航空・海上による輸送にある．この部分の内容ついては，本書の第３，４，５章において詳しく述べる．保管については，本書の第７章「在庫管理」において詳細を紹介する．物流にかかわるその他の活動は，調達（第6章），戦略（第8章），システム（第12章），レジリエンス（第9章），物流とSDGs（第10章）において解説する．最後に，コールドチェーン物流（第11章），物流のデジタルトランスフォーメーション（DX）（第13，14章）を紹介していく．

2 物流とサプライチェーンマネジメント

近年，「物流」とサプライチェーンマネジメント（SCM）という言葉が普及するようになったが，よく似たこの２つの用語がどのように違うのかを考えてみる必要がある．この小節では，まずSCMについて解説する．

（１）SCMの誕生

SCMに関連する記載は1958年に遡る．Forresterはこのように述べた．「経営者は，産業企業の成功が，情報，材料，資金，労働力，および資本設備の流れの相互作用に依存することを理解した上で，この５つの流れがどのように連動して，互いに変化や変動を引き起こすかが，意思決定，政策，組織形態，投資の選択への影響を予測するための基礎となる」（Forrester 1958）.

SCMの起源は正確には不明であるが，1980年代初頭にコンサルタントによって導入されたことが一般的に知られている．当初はビジネス界で始まり，それ以来，数十年にわたり，大きな注目を浴びてきた．

（２）SCMの確立

1970年代の製造資源計画の導入は，規模の経済と大量生産の思想から，優れたジャストインタイム[2)]（JIT：Just In Time）と柔軟な専門化の生産思想への転換を促した．しかし，JITは，スピード，最小限の在庫，一貫性など厳しい要求があり，その実現には困難が伴う．

また，グローバル調達による国際的な労働力のアービトラージ（Arbitrage)[3]は，コストの低減を可能にする一方で，企業にとって新たな経営課題をもたらした．ますます複雑になる資材の出入りを調整する課題に直面し，企業は顧客やサプライヤー（Supplier：供給者，仕入先）との関係の重要性を認識するようになった．

同時に，1980年代の激しいグローバル競争は，コストから時間，品質までの新しい競争要件を拡大させた．このため，販売先や卸売業者との川下（Downstream：ダウンストリーム）の連携が必要となり，統合輸送や物流管理の研究に拍車がかかった．これらの要因が相まって，SCM人気が高まり，学問分野として確立された（Mentzer et al. 2001）．1990年代初頭から，学術研究はサプライチェーン（SC：Supply Chain）を追いかけ始め，理論的構造を確立しようとした（Lambert and Cooper 2000; Croom, Romano and Giannakis 2000）．進化しつつあるSCMは，物流ネットワークとITアプリケーション／インターネットにも支えられている．

（3）学問分野と用語の多様性

SC現象を研究する学問分野は，機能志向型と組織志向型に分類されている．機能志向の学問分野には，購買や供給に関する研究，物流や輸送，マーケティングが含まれる．組織志向の学問分野としては，産業組織論，取引コスト経済学，制度社会学，システムダイナミクスなどが挙げられる．その結果，SCの概念に関連する様々な用語も，過去数十年の間に生まれている．例としては，ネットワークソーシング（Network Sourcing），サプライパイプラインマネジメント（Supply Pipeline Management），デマンドチェーンマネジメント（Demand Chain Management），バリューチェーンマネジメント（Value Chain Management），バリューストリームマネジメント（Value Stream Management）などである．購買と物流の用語が高い頻度で使われるようになり，SCMの認知度が高まった．

Column

ネットワークソーシング（Network Sourcing）

ネットワークソーシングという用語は1995年頃に初めて紹介された（Hines 1995）．これは日本の下請けシステムそのものである．ネットワークソーシングとは，企業が下請け企業のスキルや専門知識に依存しながら，仕入先からの購買内容を最大化するシステムである．このシステムでは，1つの部品やサービスを購入する際に，複数の調達先に依存するのではなく，事前に選択された比較的長期にわたる供給元（その中には直接の競合相手も含まれる）の中で，購買支出を最大化することである．これらの供給元は，既存の供給ピラミッドの中で，通常その製品の30％以上を購入する主要な顧客によって，その競争力の強化が支援されている．このように，サプライヤーの発展に対して大きな既得権益を有している．

サプライパイプラインマネジメント（SPM：Supply Pipeline Management）

SPMとは，SCの全過程において，在庫などを管理する方法．例えば，アルミ缶を製造するサプライチェーンの在庫を評価したい場合，コーラを缶に「瓶詰め」する工場を見学し，3日分の缶の在庫があることを確認することができる．注意すべき点としては，コーラの缶という完成品のパイプラインの在庫も，倉庫，輸送途中，販売店，小売店などにある．さらに，アルミロールの在庫も，自社工場に向かう途中にある分，サプライヤーの倉庫にある分がある．川上（Upstream，アップストリーム）では，ボーキサイト（アルミニウムの原鉱）が鉱山から運ばれてきて，倉庫に保管され，輸送されている．このような在庫を管理する視点はSCMの範疇である．SCを構築する場合，システム全体の在庫をマッピングし，需要と供給をより効果的に調整することができる．第8章のブルウィップ効果，についても参照のこと．

デマンドチェーンマネジメント（DCM：Demand Chain Management）

DCMとは，消費側（最終需要）を起点として，販売，調達，生産までを管理する考え方，仕組み及びそのシステムのことを指す．具体的には，「デマンドプランニング」，すなわち，何が（What），いつ（When），どこで（Where），どのくらい（How much）売れるのかを事前計画すること，「デマンドコーディネート」，すなわち，デマンドプランニングからの乖離の把握により，早期に各種是正のための対応を行うこと，というコアプロセスを通じて，企業の諸活動を設計する．

バリューチェーンマネジメント（VCM：Value Chain Management）

VCMとは，企業が生産，マーケティング，アフターサービスなど，物品に付加価値を与えるプロセスまたは活動のことを指す．ポーター（1985）が初めてバリューチェーン（VC）という言葉を使用した．SCが生み出す供給連鎖は，VCにも大きな影響を及ぼすため，VC分析を行うときは同時にSCも視野に入れつつ分析を行う必要がある．また，SC全体の最適化を図るSCMを実施することで，生産過程ごとの価値が変わる可能性が高いため，マネジメントを行うときはVCまで気を配りながら改善に取り組む必要がある．

バリューストリームマネジメント（VSM：Value Stream Management）

VSMとは，顧客の注文から顧客への納品までのビジネス価値の流れを高めることに焦点を当てた経営手法または実践方法である．

1980年代後半にSCMが台頭し，非常に多くの概念が具現化された結果，1990年代にはこの用語が頻繁に使われていた．1990年代後半には，SCMに関する明確な定義と概念的枠組みが必要であるという認識が生まれた（Croom, Romano and Giannakis 2000）．この時期には，理論的構成としてSCMの整理と成熟が進んだ．例えば，米国ロジスティクス・マネジメント協議会は，1986年にSCMを企業間ロジスティクスの一種として捉えていたのに対し，1998年にはその定義を改訂し，ロジスティクス・マネジメントをSCMの部分集合として宣言している．また，オペレーションズ・リサーチのような他の分野も，SCMに統合している（Lambert and Cooper 2000）．

（4）SCMのフレームワーク

マネジメントのフレームワークとしてのSCMは，定義，対象，目的，視点がほぼ統一されている．これらの共通点は，SCMの学際的な源流から生まれ，研究者はこれらの共通点を活用して，SCMに関する複数のフレームワークを統合してきた．最も広く引用されているSCMの統一的なフレームワークの1つは，Stadtler（2005）が関連文献をレビューした上，提示したものである．「SCMとは，SCに沿って組織単位を統合し，SC全体の競争力向上を目指して，顧客の要求を満たすために，材料，情報，資金の流れを調整する作業である」．また，Mentzerら（2001）は，「SCMは，特定の企業内やサプライチェーン内の企業間で，従来のビジネス機能およびこれらのビジネス機能間の戦術を体系的，戦略的に調整すること」と定義した．

SCMは2つの要素から構成される．SCの構造を構成する組織と，SC全体の流れを構成するプロセスである．SCMの目的は，顧客サービスの向上を通じて，SCの競争力を高めることである．その視点は明確にネットワークベースであり，国際経済の各分野を構成する企業の「ノード」だけでなく，そのノード間の関係も重要視する．

（5）物流とSCMの違い

以上の物流とSCMについての定義より，本書は二者の違いについて，以下のように整理する．物流，つまり，ロジスティクスとは，原材料調達から，生産・販売に至るまでの物の流れ，またはそれを管理する過程を指す．SCとは，製造する製品の部材調達から，設計，製造，そして物流を経て，最終的に消費者の手に渡るまでの一連のフローを指す．このSCを一元管理する経営手法を，SCMと呼ぶ．本書では，「SCM」と「物流」は，下記のように使い分けして

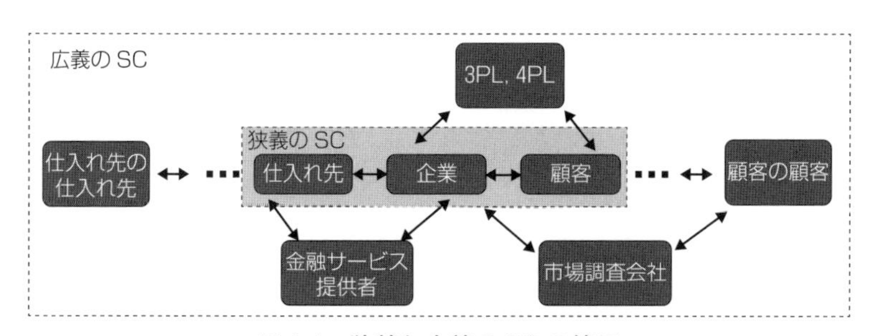

図1-1　狭義と広義のSCの範囲

注：3PLはThird Party Logisticsの略で，荷主に対して物流改革を提案し，包括して物流業務を受託し遂行することを指す．4PLはFourth Party Logisticsの略で，荷主の物流業務全般を外部委託する3PLに，コンサルティング要素が加わったソリューションである．

いる.「物流」とは企業の調達・生産・販売・引き渡しに至る，すべてのプロセスにおける活動を指す．これは狭義のSCとも言う．それに対して，「SCM」は自社と関係のある，取引先企業を1つのグループとして捉え，グループ全体の連携によって，最適化を図る活動である．これは広義のSCと定義する．

3 国際物流のエコシステム

国際物流の流れは，以下の図1-2のようにまとめる．原材料の購買，工場での製造，その後，倉庫で一時保管，内陸輸送や通関を経て，港や空港に着く．その後，船や飛行機で輸入側の港または空港に到着する．輸入側での通関手続きを完了後，内陸輸送やラストマイル配達を経て，店舗や消費者の手に届く．左側の輸出側の製造者から最終的に右側の消費者の手に届くまで，様々なプレイヤーが関与している．貨物を所有している荷主，荷主の代わりに手続きを行うフォワーダー，陸運，鉄道，内航船などの内陸輸送業者，港湾，そして，税関や検疫機関などからなる行政機関，海運，航空輸送者，決済のための銀行，貨物保険のための保険会社などがいる．これらのプレイヤーによって，国際物流のエコシステムが構成される．本書では，各プレイヤーの役割も理解しながら，国際物流について学んでいきたい．

（1）荷主

荷主は輸送・保管など，物流業務の依頼主のことを指す．荷物の出し手を「荷送人（Shipper）」，受け取り手を「荷受人（Consignee）」と区分されている．

図1-2　国際物流の流れと参加者

（2）フォワーダー

フォワーダー（Forwarder）とは，自らは輸送手段を持たず，船舶・航空機・内陸などの輸送サービスについて，荷主と直接契約して貨物輸送を行う事業者を指す．そのうち，荷主に対して，輸送契約である船荷証券（Bill of Lading）を発行できるフォワーダーのことは，NVOCC（Non Vessel Operating Common Carrier＝非船舶運航業者）とも言う．ロジスティクス業者の詳細については，第5章で述べる．

（3）内陸輸送業者

内陸輸送業者とは，内陸輸送（Inland Transport）業務を行う事業者の総称である．一般的に，輸送の形態から，鉄道輸送業者，陸運業社，内航船業者の3種類に分類されている．内陸輸送の詳細については，第4章で述べる．

（4）港湾

港湾業者は，海上運送と陸上運送とを中継する機能を持ち，港湾を活動の場として行われる，船舶への貨物の積込み，船舶からの取卸し，荷さばき，各種証明などを行う事業者のことを指す．日本においては，一般港湾運送事業（Stevedore，ステベ），港湾荷役事業，はしけ運送事業，いかだ運送事業，検数事業，鑑定事業および検量事業の7業種がある．いずれも港湾運送事業法に基づく免許が必要である．

海外では，ポートオーソリティ（port authority，港湾管理委員会）が設ける港が一般的である．ポートオーソリティは上記の荷役作業を中心とするオペレーションを行う港湾業者と異なり，主に港の運営管理する組織や委員会である．

（5）通関業者

通関業者（CHB：Customs House Broker）は，通関手続の代理業者とも言う．一般的に，通関業者は国の税関により認証された個人，団体または企業であり，輸入者および輸出者の代理として，通関許可業務を行う．通関業者は当該国の出入国手続き，出入国許可要件，品目分類，関税率，輸出入品に適用される税金や手数料に関する専門知識を有する必要がある．

日本においては，財務大臣の許可を受け，通関を業として営む業者のことを通関業者と言う．通関業者は他人から依頼を受け，輸出入の際の申告など，貿易において各種法的効果を伴う手続きなどを行える．

(6) 行政機関

国際物流のエコシステムに，行政権の行使にたずさわる国や地方の機関がある．例としては，税関や検疫機関が挙げられる．

① 税関

税関（Customs）は，関税及び内国消費税等の徴収，輸出入貨物の通関，密輸の取締り，保税地域の管理などを主たる目的・業務とする国の行政機関である．日本の関税局，米国のCBP（Customs and Border Protection）のように各国にそれぞれの税関組織があるが，各国の税関制度の調和・統一及び国際協力の推進，国際貿易の発展に貢献することを目的とする国際機関世界税関機構（WCO：World Customs Organization）も存在する．WCOは1952年に設立され，2022年9月現在，184カ国・地域がメンバーとなっており，日本は1964年に加入した．

関税に関する国際的な制度に，特恵関税制度（GSP：Generalized System of Preferences）がある．特恵関税制度は，先進国が開発途上国から輸入を行う際に関税率を引き下げるもので，開発途上国の支援を目的としている制度である．日本の特恵関税制度は，1971年8月から実施されており，「関税暫定措置法及び関税暫定措置法施行令」により適用を受けることができる国及び地域，対象品目並びに特恵関税率を定めている．

特恵関税制度や経済連携協定（EPA：Economic Partnership Agreement）等の各特恵原産地規則に基づく特恵税率を適用する際に，取引の対象となっている物品が，特定国・特定地域において生産され，製造され，または加工されたことを証明する書類である「原産地証明書（CO：Certificate of Origin）」が必要である．通常，COの発行機関は以下の機関のいずれかになる．商工会議所（国際原産地証明書ガイドラインを使用する国際商業会議所（ICC：International Chamber of Commerce）認定商工会議所），二国間または地域貿易協定に基づく税関当局，協定によって指定されたその他の政府機関または代理店．日本では，COの発行は商工会議所で行う.

② 検疫機関

検疫機関（Quarantine/Inspection Agency）とは，海外から感染症や病害虫などが持ち込まれる，また持ち出されることを防ぐ「検疫」を行う機関．日本で検疫を行うのは農林水産省管轄の動物検疫所と植物防疫所である．

（7）海運会社

海運会社（Ocean Carrier）とは，船で石油，石炭，日用品，食料品などありとあらゆる物資を運ぶ海上輸送サービスを提供する業者である．船会社とも言う．国内の輸送を「内航海運」，海外での輸送を「外航海運」と言う．海運業者については，第3章にて詳しく紹介する．

海運会社は荷主から依頼を受け，運送契約を結んだ証拠書類として，船荷証券（BL：Bill of Lading）を発行する．船荷証券は，運送のため貨物を受け取った運送人（船会社）が発行する貨物引換証であると同時に，貨物の請求権を化体した有価証券であるため，海上輸送において最も重要な書類である．海上輸送中に商品が販売または転売されたことにより，元のBLに記載されている荷送人，荷受人や荷揚港を変更し，元のBLと引き換え，新しいBLの発行ができる．このように，BLは有価証券として流通性を持つ．海運の詳細については，第3章にて解説する．

（8）航空会社

航空会社（Airlines）とは，航空機（主に飛行機）を用いて旅客や貨物を輸送する業者のことを指す．一般的に，従来型航空会社（FSC：Full Service Carrier），低費用航空会社（LCC：Low Cost Carrier[4]），ハイブリッド航空（FSCとLCCの中間的な航空会社），リージョナル航空（国の特定の地域に就航する地方航空会社）の4種類に分類される．貨物を輸送する際に，航空会社は航空貨物運送状（AWB：Air Waybill）を発行する．AWBは権利証券ではないため，流通性がない．航空の詳細については，第4章にて解説する．

(9) 金融機関

国際物流のエコシステムには，貿易決済の仲介である銀行，貨物保険業務を担う保険会社も参加している．国際貿易において安全に代金を回収するのに(図1-3)，銀行は貿易取引の担保機関として参加し，重要な役割を果たしている．

貨物保険会社は，貨物保険サービスを提供する保険会社のことを指す．貨物保険（Cargo Insurance）とは，貨物の輸送中に生じた損害によって，荷主に対して負担する法律上・契約上の賠償責任を補償する保険である．協会貨物約款（ICC：Institute Cargo Clauses）によって，一般的に，貨物の輸送において，船の沈没や座礁，航空機の火災，航海中の海水・雨水の浸入，荷役中の貨物破損などが補償対象となる．必要な場合，戦争やストライキの特約を付加することもできる．輸送中の事故のリスクを誰が負うのか，誰がそのリスクについて保険を契約するのかについては，世界共通の貿易取引条件と国際規則によって定められている．この国際規則はインコタームズ（Incoterms）と言う．インコタームズの詳細については，第2章を参照して頂きたい．

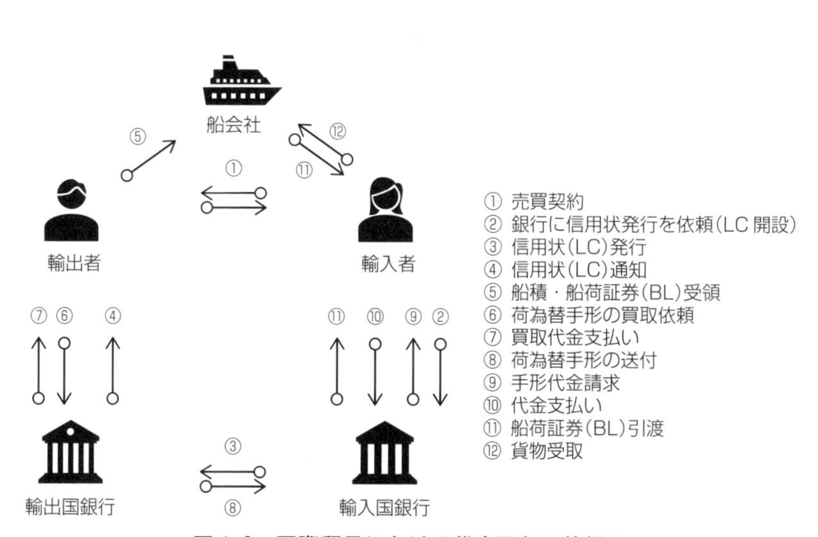

図1-3　国際貿易における代金回収の仕組み

演習問題

1．物流，SCM と国際物流の関係について述べなさい．
2．国際物流エコシステムのメンバーの日本における実例を挙げなさい．

注

1）日本語版は著者により翻訳したもの．元の英文は以下の内容である．Logistics is the process of planning, implementing, and controlling procedures for the efficient and effective transportation and storage of goods including services, and related information from the point of origin to the point of consumption for the purpose of conforming to customer requirements. This definition includes inbound, outbound, internal, and external movements.
2）トヨタ生産方式では「JIT」と「自働化」の２つの理念でムダを排除し，生産を合理化する．JIT とは生産現場の各工程において「必要なものを，必要なときに，必要な分だけ」供給する仕組みである．
3）「裁定取引」のこと．元々は金利差や価格差に注目して，割安な投資対象を買い，割高な投資対象を売るポジションを取ること．労働力のアービトラージとは，グローバル化した企業は安価な労働力を求め，生産拠点を新興国へ移すこと．
4）LCC の和訳として，一般的には「格安航空会社」が用いられているが，本書では学術的に多用され本来の定義に近い「低費用航空会社」を用いることとする．

第2章

グローバリゼーションと物流

1 グローバリゼーションと国際貿易

グローバリゼーションは，資本や労働力の国境を越えた移動が活発化するとともに，貿易を通じた商品・サービスの取引や，海外への投資が増大することによって世界における経済的な結びつきが深まることを指す（内閣府 2004）．さらには財・サービス貿易を通じた市場の統合，直接投資や資本取引の統合，アイデアの国境を跨いだ移動（Frankel 2006）も意味している．

グローバリゼーションは貿易を増大する効果があり，その進展を受けて現在も国際物流量は拡大を続けている．図 2-1 は全世界における輸送手段別貨物輸送量の推移である．2020 年時点では新型コロナウイルス感染拡大の影響を受けているものの，21 世紀に入っても貨物輸送は増加傾向が続いている．グローバリゼーションの進展を背景に国際物流の重要度は高まっている．

ここではまず，グローバリゼーションの一環として起こったアジアでの生産拠点の変化を例にとってみよう．図 2-2 はアジア域内におけるコンピュータ（HS8471）の貿易量を示している．2013 年のアジア域内輸出総量は 70.7 万 t，アジアから世界への輸出量は 244.8 万 t であった．これは 2003 年と比べてそれぞれ 42.3%，57.7%の増加であった．

2003 年の状況を見ると，中国，台湾，シンガポールなどから日本の輸入が中心となっていた．2013 年には，アジア諸国の中国からの輸入に代わっており，グローバリゼーションの進展とともに中国がコンピュータ生産の一大拠点となってきたことがわかる．

コンピュータ以外の財でも世界的にサプライチェーンの構築と拡大が進んで

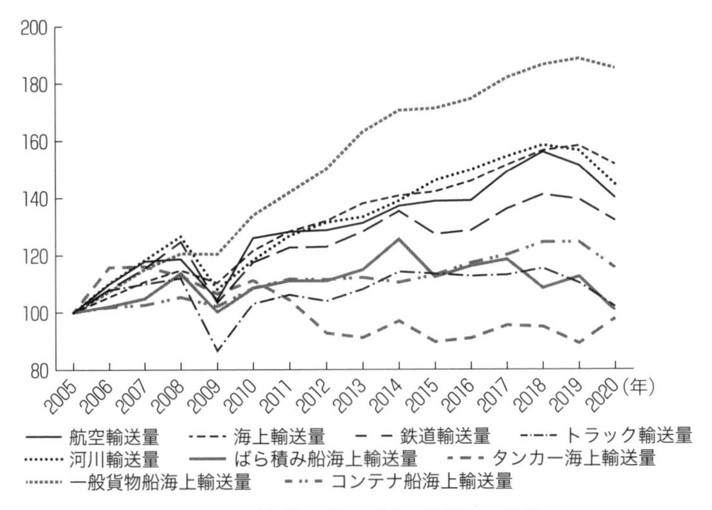

図 2-1　全世界における輸送手段別貨物輸送量の推移（2005-2020 年）
注：2005 年を 100 にした数値.
出所：IHS Markit.

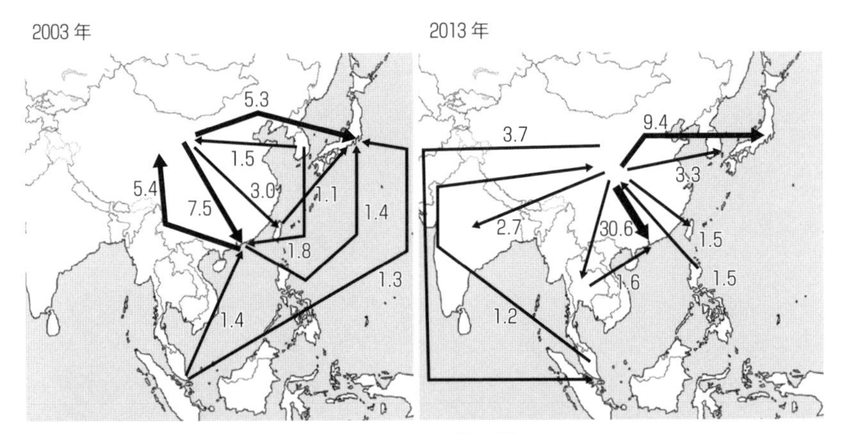

図 2-2　アジア域内によるコンピュータの貿易量（2003 年，2013 年，単位：1 万 t）
出所：運輸政策研究機構「アジア圏国際物流データベース」.

いることを示唆するのが**図 2-3** である．アジアでは，日本や韓国，ASEAN から供給された部品を中国が輸入・加工して完成品を生産して世界に輸出するサプライチェーンが構築されていることがわかる．グローバリゼーションを経て，国際貿易や国際物流におけるアジアの比重は大きくなり続けており，コンテナ

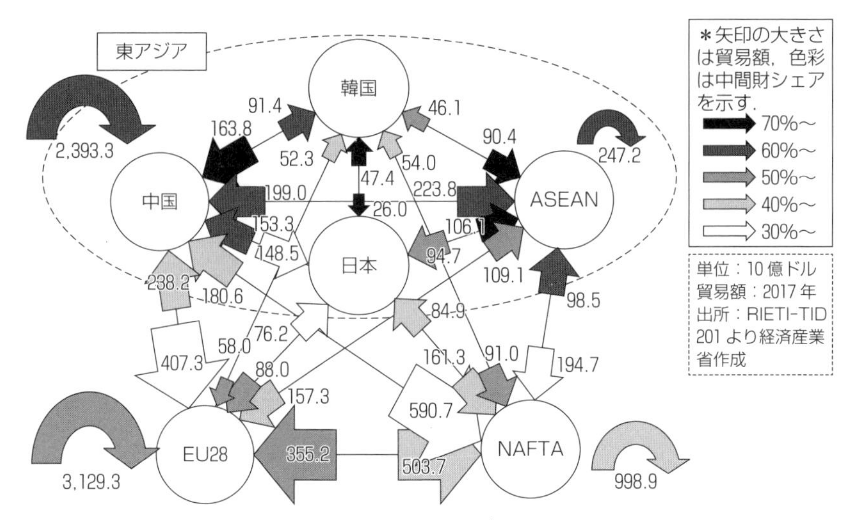

図2-3　東アジア地域におけるサプライチェーン（2017年）
出所：経済産業省（2019）．

輸送では輸送量の半分以上がアジア発着貨物が占めている．

世界的なサプライチェーンは21世紀に入ってさらに拡大している．図2-4では，日本，中国，NIEs，ASEAN，米国について，中間財（原材料や部品など）と最終財（完成品）の輸入額を，過去時点（1995年時点）と直近（2015年時点）で比較している．1995年から2015年の間に，すべての国・地域で中間財も最終財も輸入額が増加し，様々な国・地域で製造した中間財を別の国に輸出して完成品を製造するようになっている．また，内閣府（2019）は中国が輸入する中間財の調達元の多様化が起こっていることも示している．

生産拠点の変化や多様化について，内閣府（2019）は「1990年代以降の情報通信革命の進展に伴い，各生産拠点を結び中間財の輸送や連絡調整など，物流や情報通信に関するコストが低下した結果，生産工程の一部を取り出して，それぞれを生産費用の削減に資するような地域に分散配置することで，利潤の最大化が図られたことが背景にある」と指摘している．これに加えて，1990年代には海上輸送におけるコンテナ化の進展がかなりの段階に達していたことが挙げられる．輸送コストが低く，安定した海上輸送ネットワークが利用可能になっていたことがグローバリゼーションの基盤にあった[1]．

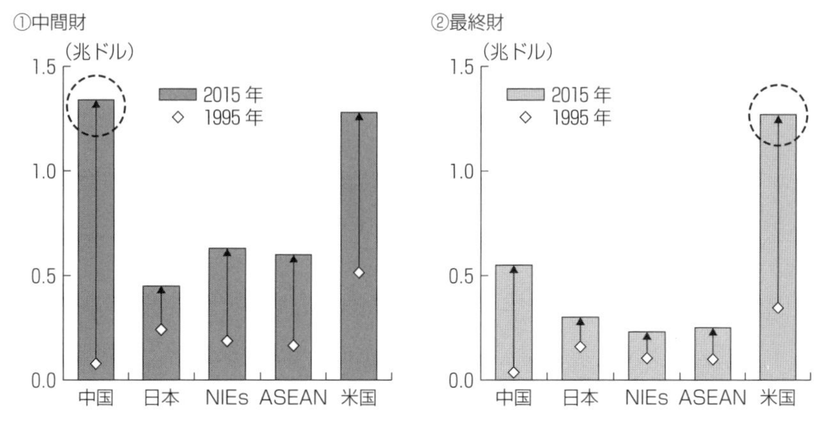

図 2-4　各国：地域の中間財と最終財の名目輸入額

出所：内閣府（2019）.

日本における生産ネットワークの変化

日本の貿易相手国を見ると，コンテナ貨物でもそれ以外でも，中国を中心としたアジアの比重が高まっている．背景には日本企業が生産拠点を海外に展開させたことがある．高度経済成長期に行われていた加工貿易型，すなわち資源を輸入し国内で最終製品まで加工，さらには欧米に完成品を輸出する一連の流れは大きく変わった．

現在では多くの製造業で，国境を越えた生産ネットワークが構築され，国内に残された工場は中核部品を生産する役割を与えられる．貿易パターンの中心は中核部品を作るための中間財の輸入を行い，とくに中国・アジアに向けて中核部品の製造・輸出を行うものへと変化した（松田・川崎 2015）.

2　インコタームズ

貿易では，輸出者と輸入者との間でリスクをどこで移転するか，運賃や保険料などの費用負担をどのように分けるかを取り決める必要がある．貿易におけるリスクの移転や費用負担に関する取り決めを貿易条件（Trade Terms）と呼ぶ.

貿易条件は国際商業会議所（International Chamber of Commerce）が制定した「貿易取引条件とその解釈に関する国際規則（International Commercial Terms）」

(インコタームズ) によって規定される. インコタームズは貿易条件に関する共通の了解事項や合意事項を定型的にまとめたものであり, 1936年から制定が始まった. その後, 実務や国際貿易, 商慣習の変化を反映して変更され, 1953年, 1967年, 1976年, 1980年, 1990年, 2000年, 2010年に改訂が行われた. 2022年現在, もっとも新しい条件は2020年1月1日に発効したインコタームズ2020である.

国際物流における経路や輸送機関選択の意思決定は, 貿易条件で決められた輸送コストの負担者が権利を持つ. そのため, 国際物流の観点からも荷主と荷受人の間で貿易条件をどう決定するかは重要な問題である. 実際, 物流事業者の間では, 輸送コストと危険負担者を明確にすることが, 新規開拓やセールス戦略の策定において大変重要であると考えられている (臼井 2012).

(1) 貿易条件の種類

インコタームズ2020で定まっている貿易条件の種類は全部で11種類ある (表2-1参照). そのうちFAS (Free Alongside Ship), FOB (Free On Board), CFR (Cost and Freight), CIF (Cost, Insurance and Freight) の4種類が海上輸送のための貿易条件とされている. 11種類のうち, これらの条件を簡単に説明する.

FASは船側渡(せんそくわたし)と訳される. 船に積む場所として指定された港 (指定船積港) で, 輸出通関手続きを売主が行ったうえで, 本船[2]のそばで貨物を置いた時点で, 売主の引き渡し義務が完了したとみなされる貿易条件である. 同時にすべての危険や費用の負担が買主に移転する. FOBは本船渡(ほんせんわたし)と訳される. FASと異なるのは, 危険負担や費用負担が売主に移転するのが本船の船上に荷物を置いた時点ということである.

CFRは運賃込と訳される. 売主から貨物を引き渡す場所, 危険負担の範囲はFOBと同じであるが, 貨物の運送費用を売主が負担する点で異なる. CIFは運賃保険料込と訳され, CFRの条件に加えて保険料を売主が負担する.

海上輸送であっても上記4つ以外の条件が利用できないわけではない. むしろインコタームズではコンテナ輸送向けの契約条件としてFCA (Free Carrier), CPT (Carriage Paid To), CIP (Carriage and Insurance Paid to) の利用を推奨している. FAS, FOB, CFRとCIFの貿易条件は船のそば, または本船の上で危

表 2-1　インコタームズに応じた費用負担

	売主 施設	運送	倉庫コ ンテナ ヤード	岸壁	積み 込み	海上輸送 航空輸送 鉄道輸送	海上 保険	荷下 ろし	岸壁	倉庫コ ンテナ ヤード	運送	荷下 ろし	買主 施設
EXW	売主	買主	買主	買主	買主	買主	買主	買主	買主	買主	買主	買主	買主
FCA	売主	売主	売主	買主	買主	買主	買主	買主	買主	買主	買主	買主	買主
FAS	売主	売主	売主	売主	買主	買主	買主	買主	買主	買主	買主	買主	買主
FOB	売主	売主	売主	売主	売主	買主	買主	買主	買主	買主	買主	買主	買主
CFR	売主	売主	売主	売主	売主	売主	買主	買主	買主	買主	買主	買主	買主
CIF	売主	売主	売主	売主	売主	売主	売主	買主	買主	買主	買主	買主	買主
CPT	売主	売主	売主	売主	売主	売主	買主	売主	買主	買主	買主	買主	買主
CIP	売主	売主	売主	売主	売主	売主	売主	売主	買主	買主	買主	買主	買主
DAP	売主	売主	売主	売主	売主	売主	売主	売主	売主	売主	買主	買主	買主
DDP	売主	売主	売主	売主	売主	売主	売主	売主	売主	売主	買主	買主	買主
DPU	売主	売主	売主	売主	売主	売主	売主	売主	売主	売主	売主	売主	買主

注：1．輸出港での積み込み費用と輸入港の荷下ろし費用は，それらが運送契約に含まれている場合には運送費用を負担すると示された側が負担する．
　2．DDP（Delivered Duty Paid）は売主が関税を負担する点が DAP（Delivered At Place Unloaded）と異なる．

険負担が買い主に移転するためである．コンテナ輸送ではコンテナをターミナルで並べ，船積みをするのは港湾運送業者や海運会社であり，売主ではない．売主が直接かかわることのできない部分まで危険負担をする形であるため，これら4つの条件はコンテナ輸送に適していないと考えられている．

現時点では実務者も「運賃を売主が負担する契約」をひとまとめにCIF,「運賃を買主が負担する契約」をひとまとめにFOBと呼ぶことが多い．以下でも，それぞれCIF型，FOB型と呼んで説明を進める．

（2）貿易条件の動向と国際物流

一般的に，輸出入における貿易条件の傾向は一様に決まっていない．例えば，アフリカの内陸国，ブルキナファソでは貿易に4カ国の沿岸国を利用できるが，輸出入の経路（どの港湾を利用するか，港湾に向かうまでの陸上輸送機関は何にするか）は貨物を購入する方が決めるという話がある．すなわち，運賃は買主側が支払い，その代わりに彼らが貿易経路を決定するFOB型の貿易条件が多く用いられる．ほかにも，かつては南米諸国で外貨流出防止規制があったため，輸入企業が自国で輸送コストを支払う慣習があったために，アジア・南米航路ではFOB型の貿易条件が用いられていた．

以前，著者は米国の大手小売業者にインタビューを行った際，「物流手段の決定は完全に当社が行っている．貿易条件はFOBを使用し，運賃を支払って物流をコントロールしている」との見解を得たことがある（久保・松田 2014）．また，中国において売主が物流をコントロールする貨物でCIF条件が用いられている[3)]．

日本発着の契約条件の使用動向に関しては例えば吉田（2006）が2003年における中小零細貿易業者に対するアンケート調査の結果を示している（表2-2参照）．ここではFOB，C＆F（CFRと同じもの），CIFの三条件が全体の70％を占めている．

アジア・北米東岸コンテナ輸送におけるFOBとCIFの使用動向は表2-3に示されるとおりである．表2-3のデータは米国東岸各州に買主の住所があると判明し，かつ運賃の支払い状況が判明しているものを基にしている．そのため，捕捉率は米国東岸各州に住所があると判明している買主に向けた貨物量と比べても15.6％にとどまっている．この点に留意しつつ，貿易条件の動向をみると，

表2-2　貿易条件の決定者と貿易条件の動向

貿易条件の決定者	合計	貿易条件			
		FOB	C＆F	CIF	これら以外
回答会社	759	188	187	187	197
	100.0%	24.8%	24.6%	24.6%	26.0%
取引先	185	41	38	46	60
	100.0%	22.2%	20.5%	24.9%	32.4%
一概に誰とは言えない	905	223	184	212	286
	100.0%	24.6%	20.3%	23.4%	31.6%
その他	18	3	4	3	8
	100.0%	16.7%	22.2%	16.7%	44.4%
合計	1,867	455	413	448	551
	100.0%	24.4%	22.1%	24.0%	29.5%

出所：吉田（2006）．

表 2-3　アジア・米国東岸コンテナ輸送の FOB 比率（2013 年）
（単位：TEU）

	FOB 比率		FOB 比率
カンボジア	96.1%	インドネシア	50.9%
バングラデシュ	95.3%	スリランカ	50.7%
フィリピン	71.1%	インド	38.7%
香港	68.8%	シンガポール	37.5%
台湾	68.7%	タイ	33.4%
中国	66.6%	日本	32.5%
ベトナム	64.3%	パキスタン	27.3%
マレーシア	53.0%	韓国	6.7%
全体	52.0%		

注：※米国東岸沿岸各州に住所のある買主に向けた貨物.
※運賃の支払状況が確認されているもの.
（捕捉率は住所の判明している買主向け貨物の 15.6%）.
出所：Zepol "TradeIQ"（2014 年 4 月データ取得）.

貿易条件として FOB 型の貿易条件が用いられる比率はアジア側輸出国によって大きく異なり，韓国の 10%未満から，バングラデシュやカンボジアなどの 90%超まで分かれている.

中国や香港，台湾は 70%弱と地域の平均値 52.0%を上回り，買主が運賃を支払う貨物が主流となっている.

3　物流費用の構成

（1）物流にかかる費用とその分類

買主が外国からモノを調達した際に支払う費用は，FOB 型の貿易条件の場合，輸入する品物の価格に加え，保険費用[4]，関税，コンテナや航空貨物の運賃，価値低減費用や在庫費用が含まれる．価値低減費用には輸送や在庫に時間がかかることで下落した販売価格や，商品の金利費用が入る．販売価格の下落は生鮮食品や流行に関連した品物で大きくなり，金利費用は販売価格の高い商品で大きくなる．また，通関や検疫にかかる手続き費用なども考慮しなければならない[5]．CIF 型の貿易条件の場合は FOB 型の条件で支払う費用から運賃や保険

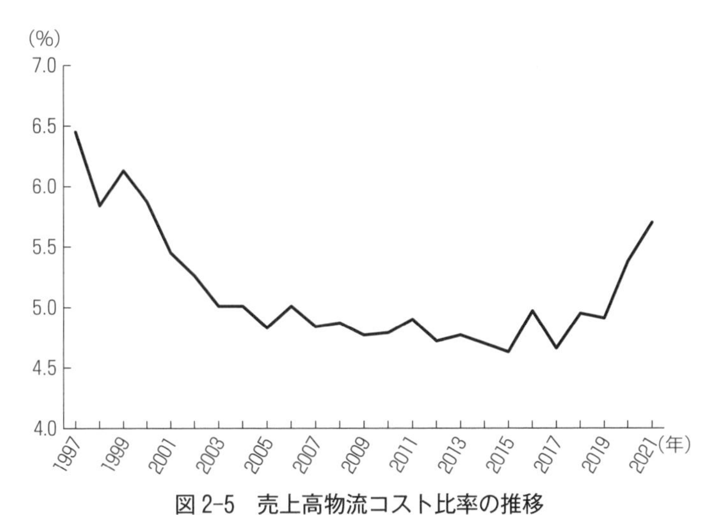

図 2-5　売上高物流コスト比率の推移

出所：日本ロジスティクスシステム協会（JILS）.

費用が除外される.

上記のうち，輸入品価格以外の費用が物流に関するコストとなる．売上高に対する物流コストの比率は 1990 年代から下落傾向が続き，2010 年代後半は５％弱で推移してきた（図 2-5 参照）．2020 年と 2021 年はコロナ禍による世界的なサプライチェーンの混乱を受けた輸送コスト上昇を反映して比率が上がっている.

日本国内に関していえば，物流コストは，① 主体（支払形態）別，② 領域（物流プロセス）別，③ 機能別から見ることができる．①の主体別コストは外注先（物流業者や物流子会社）への支払い，または自家物流への支払いに分けることができる．日本ロジスティクスシステム協会（JILS）の調査[6]によると，物流業者への支払いは物流コストの 74.6%，物流子会社への支払いは 10.5%，自社物流費は 14.9%を占めていた．1997 年時点でこれらのシェアはそれぞれ 55.8%，18.2%，26.0%であり，物流子会社への支払いと自家物流費は年々シェアが小さくなる傾向があり，アウトソーシングが進んでいる様子をうかがわせる（図 2-6 参照）.

③の機能別コストは物流の各機能[7]に応じた分類であり，JILS の調査[8]によると，輸送費が物流コストの 54.3%，保管費が 17.0%，そのほか[9]が 28.7%であった.

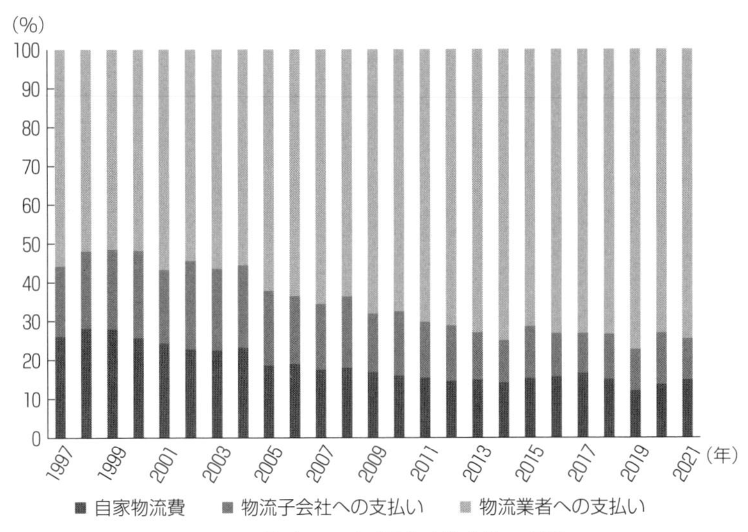

図 2-6　物流コスト領域別構成比の推移

出所：日本ロジスティクスシステム協会（JILS）.

物流コストの中で輸送費と保管費，包装費や物流管理費はシェアが小さくなる傾向にある．シェアが大きくなる傾向があるのは荷役費のみである．

（2）物流コスト管理の必要性

企業経営の最終目標は，利潤の最大化である．物流にかかるコストの比率は決して大きくないが，物流コストを管理することで費用削減を通じた利潤の増加に貢献できる．一方で上述してきた物流コストは損益計算書の様々な費目に含まれている可能性が高く，財務諸表から物流コストの全体を知ることは難しい．

商品分類別や顧客層別に物流コストを管理する場合，総額ベースでは情報が不十分という問題も存在する．より詳細な物流コストの状況を活動別に算出できると，物流活動の優先順位を決めやすくなり，企業の意思決定にも大いに役立つ．そのため，中小企業庁などの官庁が物流コストを把握できるよう，1970年代から活動別に分類するマニュアルを制定してきた（苦瀬 2021）．

物流 ABC（Activity Based Costing）とも呼ばれる活動基準原価計算方式は物流コストを「ピッキング」「検品」など活動別に計算するコスト算定手法であ

り，1980年代にCooper and Kaplan（1988）によって提唱された．彼らには間接費用を製造原価に反映させる目的意識があった．物流コストについても同様のニーズがあり，中小企業庁が2003年に物流ABC算定マニュアルを作成してから，日本でも多く普及している．

物流ABCで重要になるのは，ピッキングや包装，トラックへの積み込みなど個別活動別に単価を計算することである．そのうえで商品別，顧客別に必要処理量を算出して，それぞれの物流コストを「単価」×「処理量」で求めることができる．このコストが示されれば，企業が提供しているサービス水準と組み合わせて詳細な物流コストの管理が可能になり，コスト発生源も判明する．これに基づいて物流部門による物流倉庫内作業を改善する，営業部門による得意先へのサービス内容の改善といった，原因を特定したうえでの具体的な対応策を考えることが可能になる（計算例はコラムを参照）．

Column

活動基準原価計算の数値例

ここでは，国際物流とは直接の関係は薄いものの，物流ABCに基づく計算例を示しておきたい．この例では，倉庫内におけるピッキング業務を例にとる．活動基準原価計算でまず行わなければならないのは，どのようなことをするか活動を定義することである．例えば，ピッキング活動でも，①バラバラの製品のピッキング，②ケース入り製品のピッキング，③倉庫内の移動のように分けることができる．そのうえで，図2-7のように①または②を行ってから③を行うなど活動の流れ（フロー）を整理する．

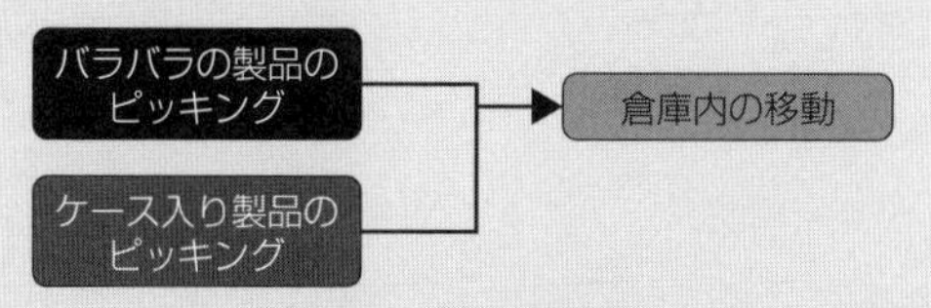

図2-7　ABCにおける活動の定義とフローの整理

次に行わなければならないのは，投入要素別原価の把握である．それぞれの活動の作業時間や人員数などから，合計費用を算出する．今回の例では経理データなどからピッキング作業の合計が2,285円とあらかじめわかっていると仮定する．さらに，各活動の作業時間や人員数などを各活動単位がどれだけ使っているか調査する．この結果から，合計費用を活動単位ごとに配分する．今回の例では**表2-4**のようになったとしよう．費用が計算された後は，各活動単位がどれだけ作業回数を使うか処理量を調べ，「費用÷作業回数」で作業あたり単価を計算する（**表2-4**参照）．

表2-4　活動単位ごとに配分された各活動の費用・作業回数と単価

活動単位	費用（円）	作業回数（処理量）	単価（円）
バラバラ製品のピッキング	1,200	120	10
ケース入り製品ピッキング	135	9	15
倉庫内の移動	950	19	50
コストおよび作業回数の合計	2,285	148	

ここで，X，Y，Zという3社の顧客がいると想定しよう．請求額ピッキングコストは商品の額に含まれ，各社への請求額は一個あたり9円と仮定する．彼らの注文総数などは**表2-5**に示されるとおりである．注文の仕方が異なるものの，注文個数が同じであるため，ピッキング作業に関連する請求額は同じになる．

表2-5　各顧客の注文総数，注文回数と請求額

	顧客X	顧客Y	顧客Z
注文総数（個）	100	100	100
注文回数	5	4	10
一回あたり注文数	20	25	10
初めの請求額（商品額に含まれる）	900	900	900

バラバラ製品のピッキングなのか，ケース入り商品のピッキングなのかにもよって考えるべきコストは異なる．ここでは，顧客Xはすべてケース（1ケース20個）で注文，顧客Yは注文一回ごとに「ケース1つとバラバラの製品を5個」を注文，Zはすべてバラバラの商品を注文している場合を考えてみよう．倉庫内の移動回数は注文回数と同じ回数であることから，顧客ごとに異なる．ピッキングの方法，注文回数の違いによって，受注している個数は同じでも，顧客別にピッキングコストに差が生じる（**表2-6**参照）．

表 2-6　各顧客の活動別ピッキングコスト

	顧客X	顧客Y	顧客Z
バラバラ製品のピッキング	10 × 0 = 0	10 × 20 = 200	10 × 100 = 1,000
ケース入り商品ピッキング	15 × 5 = 75	15 × 4 = 60	15 × 0 = 0
倉庫内移動	50 × 5 = 250	50 × 4 = 200	50 × 10 = 500
ピッキングコスト合計	325	460	1,500

この場合，とくに問題となるのが採算割れ（請求額 900 円より大きい）顧客 Z である．バラバラ製品のピッキングからケース単位へ変更してもらう，出荷頻度を見直してもらうなどの対応が必要になってくる．

また，ピッカーのパートタイム化や物流専門業者などへの外部委託（アウトソーシング）の検討，もしくは委託業者の変更など活動あたり単価を下げる方法の検討も考慮すべき課題に上がることもこの結果からわかる．このような形で活動別のコストを計算することで，顧客別，活動別にコスト割れの要因がわかるため，物流コストの具体的検討ができる．

演習問題

1．UNCTAD が発表している COMTRADE データベースがあります（https://comtrade.un.org/）．このデータベースを使って，自動車部品（HS8708）のアジアにおける 1992 年と 2018 年の生産拠点の変化を金額ベースで調べなさい．
2．経済産業研究所が発表している RIETI-TID（https://www.rieti.go.jp/jp/projects/rieti-tid/）を使って，1992 年における図 2-3 を作成しなさい．
3．海運会社には荷主から FOB 型の貨物を受注できることを望ましいと考える人がいる．なぜそのように考えられるのか，インコタームズの内容を確認しながら検討しなさい．

注

1）コンテナ化については第3章で説明を行う．

2）輸出国と輸入国の間で貨物を輸送する船舶のことをこのように呼ぶ．

3）日本海事新聞2014年4月2日号および4月9日号．

4）ちなみに，海上保険料は海上コンテナ輸送ではCIF価格×1.1×保険料率となるのが一般的である．

5）各国の貿易手続きや書類の処理等に係る費用の基準をおおまかに知るためには世界銀行が毎年発表している“Doing Business”を参考にすることができる．

6）日本ロジスティクスシステム協会，2021年度 物流コスト調査報告書，2022年．

7）物流の6大機能と呼ばれる，輸送，保管，荷役，包装，情報および流通加工のことを指す．

8）日本ロジスティクスシステム協会，2021年度 物流コスト調査報告書，2022年．

9）無料で詳細なデータを見ることのできる2015年度時点では包装費が5.6%，荷役費が15.5%，物流管理費が6.0%であった．

第3章

輸送の基本（1）

輸送を行う手段（輸送モード）には，トラック，鉄道，船舶，飛行機などがある．企業はそれぞれの輸送手段の特徴を考慮して，運ぶ貨物に適した輸送モードを選ぶ．輸送コストの水準や輸送にかかる時間，形状や性質，プロダクトサイクル，さらには環境負荷も考慮の対象に入る[1]．輸送モードの中で，大量輸送に適しており，かつ最も単位あたりコストの低いものが，船舶を使った海上輸送である．本章では海上輸送，なかでも外国との貿易で輸送される貨物（外貿貨物）を船で輸送する外航海運[2]（Ocean-going Shipping，Overseas shipping[3]）について，コンテナ輸送を中心に説明する．

本章では，まず外航海運業の現状を紹介し，次いで外航海運業が直面する主な課題について述べる．

1　外航海運の概要

（1）外航海運とは何か？

外航海運は外国との貿易で輸送される貨物を船で輸送する活動を指す．外航海運は古い歴史を持ち，現在でも国際貿易の担い手として世界経済への貢献を続けている．海上貿易量は1986年に約36億tであったものが2021年には約119.9億tと，35年で3.3倍に増加した．

外航海運で用いられる船舶は，貨物に合わせ輸送効率を上げるべく専用船化が進んできた．外航海運で用いられる船種にはコンテナに詰めた様々な品物を運ぶコンテナ船，原油や石油製品，ガスを運ぶタンカー，鉄鉱石や石炭，穀物を運ぶばら積み船，自動車を運ぶ自動車専用船，陸から離れた沖合で石油やガスの開発作業・輸送などに用いられるオフショア船などがある（図3-1参照）．

図 3-1　主な船舶の種類
（左上：コンテナ船，左下：LNG 専用船，右上：原油タンカー，右下：自動車専用船）
出所：（公財）日本海事センター HP.

コンテナ船はスケジュールに従って定期的に特定航路を運航し，タンカーやばら積み船は海運会社がそれぞれの荷主と輸送契約を結んで貨物を運ぶ．前者は定期船（Liner）と呼ばれ，後者は不定期船（Tramper）と呼ばれることがある．バスで言えば路線バスと観光バスの違いに近い．

（2）国際貿易と外航海運

外航海運は，世界でも貿易量の 67.9%（重量ベース），貿易額の 57.5%[4]を占める輸送手段である．周りを海に囲まれた日本では貿易量の 99.7%（重量ベース），貿易額の 68.2%[5]とさらに大きな割合を占め，国際貿易を行うために欠かすことのできないインフラとなっている．

外航海運による貨物輸送の動向は国際貿易が直面する環境に大きく影響を受ける[6]．そのため，世界の貿易額と海上輸送量はかなり似た推移である（図 3-2 参照）．

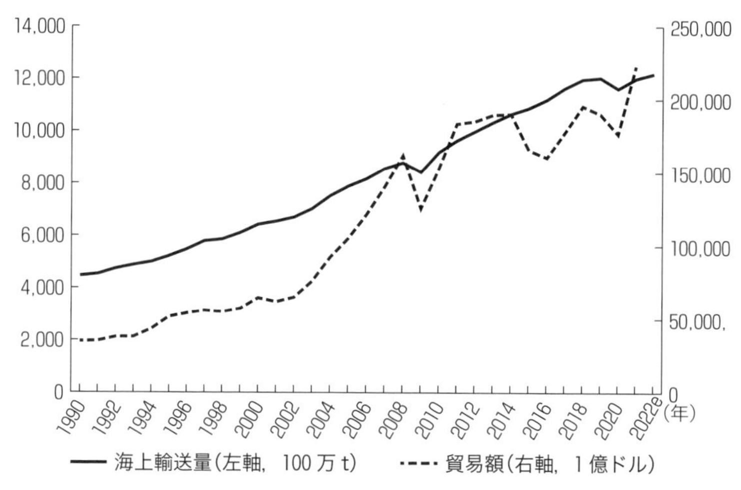

図 3-2　世界の貿易額と海上輸送量の推移（1986-2022年）
出所：WTO, Clarksons Research.

（3）主な航路と運賃変動

海上輸送量の多い航路は，コンテナ航路ではアジア・北米間の北米航路，アジア・欧州間の欧州航路であり，これらは二大基幹航路と呼ばれている．いずれもアジアで生産された消費財や中間財が欧米に運ばれる．近年は東南アジアの経済成長やアジア域内における企業内貿易の進展を背景にアジア域内コンテナ輸送量が大きく伸びており，現在では前者2つを上回っている（図3-3参照）．原油タンカーでは中東・アジア間が，鉄鉱石や石炭を運ぶばら積み船ではブラジルや豪州からアジアへ向けた荷動き量が多い．

外航海運業者にとっては運賃収入（または船の賃貸料である用船料収入）が最大の収入源であり，これも国際貿易の動向と強く関係している．貿易が活発になってモノを運ぶ船が不足すれば運賃や用船料は高くなる一方，貿易が停滞した場合には下落する．新たに建造された船舶の量が多ければ，運ぶ船の選択肢が増えて運賃は安くなる．さらに，同じ航路で同じものを運ぼうとしても行きと帰りで運賃が変わり，例えば，アジアから米国に向けてコンテナを輸送するための運賃は，米国からアジアに向けた航路の運賃に比べ2倍以上である．

時期によって変化がある点もバスや鉄道と大きく異なっている．外航海運の運賃変動はかなり大きく，一年間で倍以上に上下することも稀ではない．直近

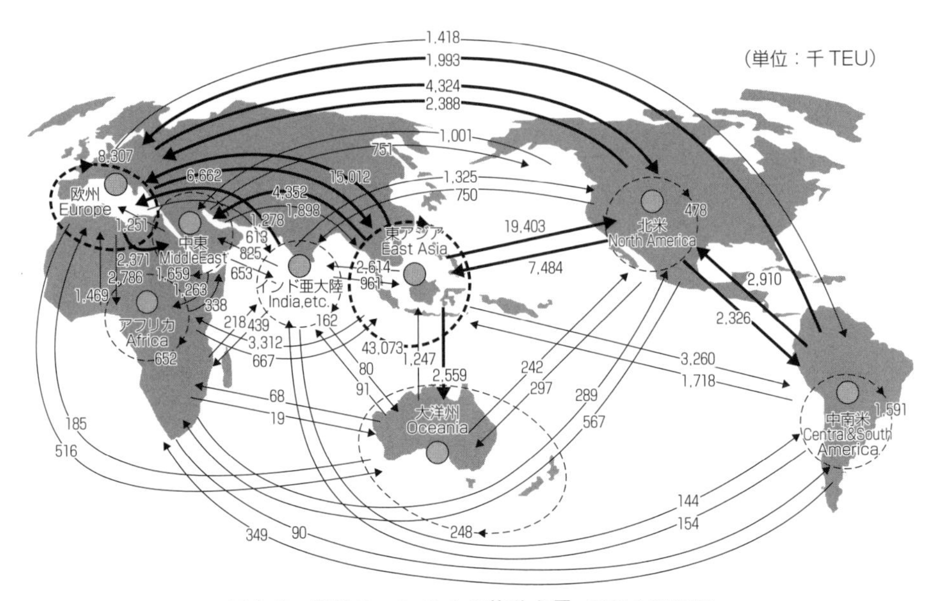

図 3-3　世界のコンテナの荷動き量（2020 年推計値）

出所：(一財) 日本海事広報協会 "Shipping Now 2021-22" ((公財) 日本海事センター作成).

でも，中国の上海港からイギリスやドイツ，オランダなど北欧州各港までの 20 ft コンテナ一個の運賃指標は 2020 年 4 月 17 日時点で 725 ドルであったが，12 月 25 日には 3,797 ドルと 5 倍以上に上昇した．ばら積み船でも，代表的な運賃指標であるバルチック海運指数（BDI）は 2008 年 5 月に 10,844 の高値であったが，半年後の 11 月には 10 分の 1 を割り込む 819 まで急落した．

（4）主な外航海運企業

日本では，「邦船三社」と呼ばれる日本郵船，商船三井，川崎汽船の三社が代表的な外航海運企業である．1964 年に行われた「海運集約」によって，12 社あった主要船社が中核 6 社に集約された．1980 年代から 90 年代にさらなる合併・統合が進み，三社が並び立つ現在の形となった．邦船三社はコンテナ船を用いた定期船事業だけでなく，タンカーやばら積み船，自動車専用船での不定期船業なども並行して運営する「デパート型」経営に特徴がある．一方，世界の大手外航船社の多くは船種を限って事業を展開している．多くの船種を運航しているため，三社の船隊規模は世界的にみても大きく，いずれも世界のトップ5に入る．邦船三社は，2017年にコンテナ船事業を統合してOcean Network Express（ONE）をシンガポールに設立した[7]．2022年6月現在，ONEはコンテナ船の運航規模で世界第6位である（表3-1参照）．

海外船社でもっとも有名なのはデンマークに本社を置くマースクである．コンテナ船では世界の16.6%のシェアを持ち，長い間世界のトップシェアを維持してきた．最近，積極的に船舶を増やして同社から首位を奪還したのがスイスのMSC（Mediterranean Shipping Company）であり，17.2%のシェアを持って

表3-1　世界上位のコンテナ船社（2022年6月現在）

社名	本社所在地	合計船腹量	合計隻数	所有船腹量	所有隻数	用船船腹量	用船隻数
MSC	スイス	4,351,692	664	1,710,680	325	2,641,012	339
APM-Maersk	デンマーク	4,247,922	731	2,471,156	331	1,776,766	400
CMA CGM Group	フランス	3,282,000	578	1,455,885	199	1,826,115	379
COSCO Group	中国	2,933,474	476	1,559,232	176	1,374,242	300
Hapag-Lloyd	ドイツ	1,747,107	248	1,061,410	113	685,697	135
ONE	シンガポール（日系）	1,510,621	206	793,211	91	717,410	115
Evergreen Line	台湾	1,509,654	201	785,911	122	723,743	79
HMM	韓国	820,520	76	551,484	35	269,036	41
Yang Ming	台湾	673,945	91	211,684	50	462,261	41
Zim	イスラエル	464,410	128	28,681	8	435,729	120
Wan Hai Lines	台湾	413,978	148	273,149	95	140,829	53
PIL	シンガポール	284,370	89	179,703	68	104,667	21
KMTC	韓国	156,995	68	86,464	32	70,531	36
IRISL Group	イラン	150,040	33	150,040	33	26,895	20
SITC	中国	145,784	98	118,889	78	77,894	55
X-Press Feeders	シンガポール	145,199	94	67,305	39	141,707	93
UniFeeder	デンマーク	141,707	93				
TS Lines	台湾	109,903	54	67,827	27	42,076	27
Zhonggu Logistics	中国	108,844	95	59,235	28	49,609	67
Sinokor	韓国	102,410	71	85,468	57	16,942	14

出所：Alphaliner Top 100.

いる[8]．ほかにも，フランスの国営船社を起源の1つであるCMA-CGM，台湾のエバーグリーン（Evergreen）や陽明海運（Yang Ming），韓国に本社を置く現代グループのHMM（旧現代商船）などがある．中国の国有企業であるコスコシッピング（COSCO Shipping）は世界最大の船腹量を持ち，コンテナ船だけでなく，ばら積み船の船腹量が多いことでも知られている（表3-1参照）．タンカーではバミューダに本社を置くフレドリクセングループ（Fredriksen Group）やティーケイ（Teekay）があり，自動車専用船ではスウェーデンとノルウェーに本社を置くワレニウス・ウィルヘルムセン（Wallenius-Wilhelmsen）が代表的企業として知られている．世界で売り上げの高い500企業のランキングであるFortune Global 500の2021年版には，マースクとコスコシッピング，CMA-CGMが入っている[9]．

2 コンテナ輸送

コンテナ輸送は，標準化された規格の金属製の箱である「コンテナ」に種々の荷物を積み込んで，箱単位で運ぶ輸送方法を指す．これまで別の輸送手段で運んでいた貨物をコンテナで運ぶようにすることを「コンテナ化（Containerization）」と呼ぶ．箱を使った貨物輸送は19世紀以降，様々な形で試行されてきた．現在の形でコンテナ輸送が始まったのは1956年のことである．1960年代後半のISO（国際標準化機構）での規格統一を経た1970年代以降になって外航海運での本格的普及が進んだ．北米・欧州間の大西洋航路で1966年，北米航路では1968年，欧州航路では1971年から船内のすべての積み荷がコンテナであるフルコンテナ船の運航が始まった．

主に用いられるコンテナのサイズは，20 ftコンテナ以外に，40 ftコンテナ，40 ftハイキューブ（HC）コンテナである[10]（表3-2参照）．40 ftサイズのコンテナのほうがよく使われている．コンテナの種類には一般的なドライコンテナだけでなく，温度や湿度を管理できる冷蔵冷凍コンテナ（リーファーコンテナ）やジュースやワインなどの輸送に用いられるタンク・コンテナといった特殊コンテナがある．

荷主は自分の荷物を効率的に運ぶため，荷物の重さと体積に合わせてコンテ

表 3-2　主なコンテナの規格

コンテナサイズ		20 ft コンテナ	40 ft コンテナ	40 ftHC（背高）
外寸法	長さ（mm）	6,058	12,192	12,192
	幅（mm）	2,438	2,438	2,438
	高さ（mm）	2,591	2,591	2,896
内容積	m3	33.1	67.5	76.0
自重	kg	2,200	3,800	3,900
最大積載重量	kg	18,120	26,680	26,580
最大総重量	kg	20,320	30,480	30,480

ナの大きさを選ぶ．アルミのインゴット（一定の形状と大きさの塊）や穀物など，体積に対して重量が重い品目を運ぶ際には 20 ft コンテナが好まれる．衣類や靴，電化製品など重さに対して体積が大きい品目では 40 ft コンテナが多く用いられる．

（1）コンテナの輸送単位と輸送形態

コンテナ輸送では，TEU（Twenty-feet Equivalent Unit）と呼ばれる，長さ 20 ft（約 6 メートル）のコンテナに換算したコンテナの個数が輸送単位や船腹量の単位として採用されている．通常，20 ft コンテナ一個分の貨物が 1 TEU，40 ft コンテナや 40 ft HC コンテナ一個分の貨物は 2 TEU と換算される．

1 人の荷主がコンテナ一個分の貨物を借り切って[11)]運ぶ形態が FCL（Full Container Load）貨物であり，複数荷主の貨物をまとめて運ぶ形態が LCL（Less than Container Load）である．FCL 貨物は荷主やフォワーダーがコンテナヤード（CY）まで持ち込むため CY 貨物とも呼ばれ，LCL 貨物はフォワーダーが CY の近くにあるコンテナフレートステーション（CFS）で複数荷主の貨物を 1 つのコンテナに取りまとめて混載するため CFS 貨物とも呼ばれる．

（2）コンテナ化の利点

コンテナ化の利点の 1 つは輸送効率の向上，もう 1 つは輸送ネットワークの拡大にある．コンテナ輸送の普及前は，**図 3-4** にあるように，袋詰めした貨物を人やクレーンが担いで船に積み下ろしたり，船内で貨物を整頓するなど，多

図 3-4　1960 年代の東京港での荷役
写真提供：東京都港湾振興協会.

くの人手と時間が必要であった．荷役作業に手間がかかることに加え，雨で作業が中止するなどの理由によって港での停泊時間が長くなることも問題視されていた．

これに対してコンテナ輸送システムは，岸壁にあるクレーンを使ってコンテナを直接船に積み下ろしする効率的な荷役を可能にした．機械化を通じた荷役活動の省力化，高速化を実現して輸送効率を大幅に向上させた．コンテナ化黎明期の 1972 年にイギリス政府がマッキンゼー社に依頼した調査結果によると，コンテナ化開始前の 1965 年，イギリスと西ヨーロッパ地域では港湾労働者 1 人が 1 時間あたり 1.7 t の貨物を運ぶことができた．しかし，コンテナ化開始後の 1970 年には運べる貨物量が 30 t に増えた[12)]．

荷役の効率化が進んだことでより大型の船舶も使用可能となったほか，港の有効活用にもコンテナは貢献した．コンテナは統一規格の箱であるため，港の中でコンテナを重ねて積めるようになり，空間を節約できるようになった．

（3）インターモーダル輸送とコンテナ化

現在のインターモーダルシステム（複合一貫輸送）の構築を促したこともコンテナ化の功績である．コンテナは統一規格の箱であるため，規格に対応したト

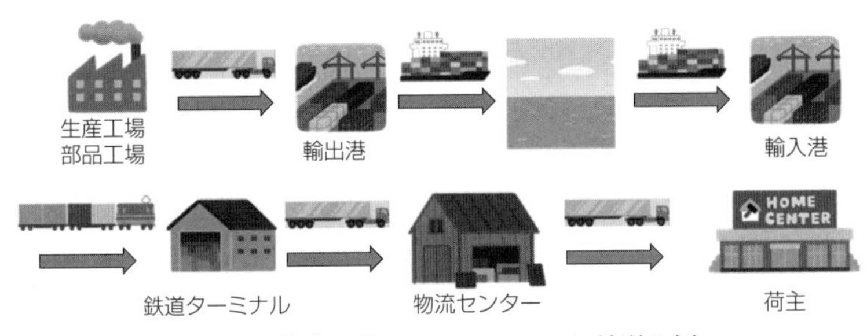

図 3-5　複合一貫（ドア・ツー・ドア）**輸送の例**

ラックや鉄道であれば違う国でも載せ替えて運ぶことができる．この利点を活かしたのが複合一貫輸送である．

図 3-5 にあるように，コンテナ輸送に際しては，工場で作られた製品や部品をコンテナに詰めた[13]あとで輸出港にあるコンテナヤードにトレーラー[14]や鉄道で運ぶ．輸出港に着いたコンテナはコンテナヤードからクレーンでコンテナ船に積み込まれ，コンテナ船で輸入港まで輸送される．輸入港から鉄道でターミナルに運ばれたコンテナはトレーラーで物流センターに移送され，さらにトレーラーで荷主に運ばれる．

複合一貫輸送が可能になったことで，工場から貨物を受け取る荷主の元までコンテナを開けることなく輸送できるようになった．現在，コンテナは荷物が詰め込まれると封印がされ，輸送が終わるまで封印を開けない．このような方法は，荷物をたびたび詰め替えたり，梱包する手間を大きく減らしたことに加え，途中での盗難も減少させた．

コンテナ輸送ネットワークの広がりは，生産拠点の分散やグローバルサプライチェーンの確立に大きく貢献した．例えば東南アジアで加工された部品を中国に送り，そこで組み立てた製品を日本や欧米に輸出する分業体制を広域で展開するには，コンテナ化を前提とした輸送システムが存在しなければ難しかった．

（4）輸送ネットワークの拡大

コンテナ輸送の普及によって，あらゆる貨物を高速・低コストで安全かつ確実に輸送できるようになった．各港湾間に輸送ネットワークが張り巡らされ，貨物を世界中に届けることが可能になったためである．

図 3-6 の上部分は，コンテナ化が始まったばかりの 1970 年におけるコンテナ化の状況を示している．1970 年時点では，アジアと米国，米国と欧州ではコンテナ航路が開通していた．しかし，アジアと欧州の間では定期航路もなく，アジアのコンテナ港も日本や香港，シンガポールなどに限られていた．

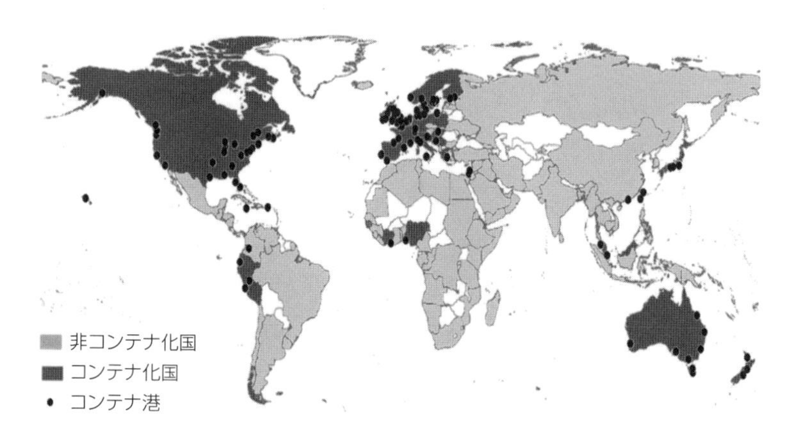

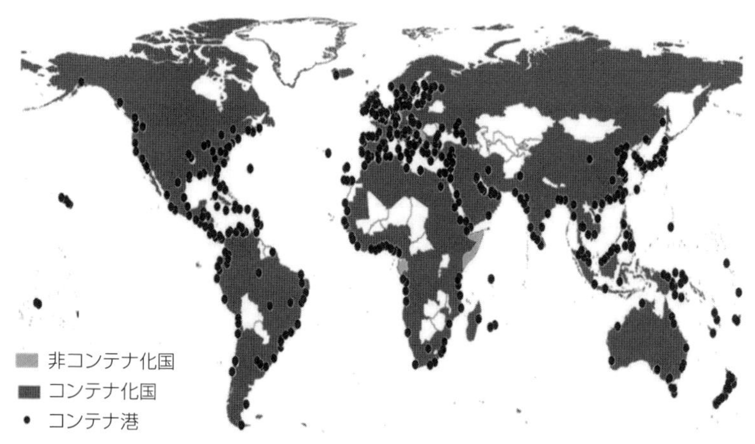

図 3-6　コンテナ輸送ネットワークの拡大（上：1970 年，下：2008 年）

出所：Rua（2014）．

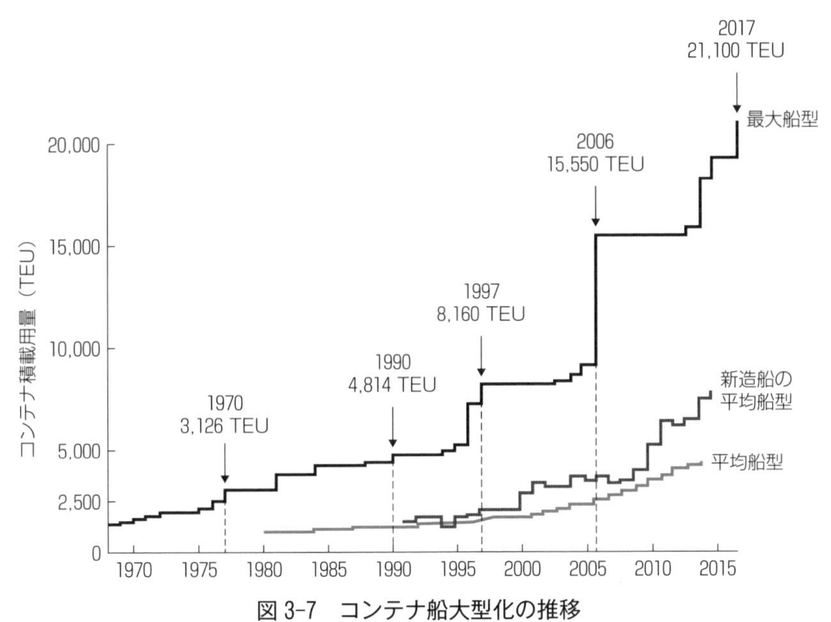

図 3-7　コンテナ船大型化の推移

出所：International Transport Forum/OECD (2015), p. 18.

1980 年代における急速なコンテナ化の進展後，世界中にコンテナ輸送のネットワークが広がった．図 3-6 の下部分は，2008 年におけるコンテナ化の状況を示している．海に面したほぼすべての国で海上コンテナ輸送が導入されており，コンテナ港もいたるところで整備されている．

さらに，船舶も大型化し，輸送できる貨物量も大きく増えた．1990 年代に入るまではパナマ運河を通航できる 5000 TEU サイズが最大船型であった．しかし，1990 年代以降はより大きな船舶が就航し始め，2006 年には 1 万 TEU を超える船が就航した．2010 年代には最大船型が 2 万 TEU を超えた（図 3-7 参照）．現在の最大船型は約 2 万 4000 TEU である．

(5) コンテナ輸送の課題

コンテナ輸送にも課題が残されている．第 1 は，サービスの差別化の問題である．コンテナ輸送サービスは他社との差別化が難しく[15]，他社との貨物獲得競争に勝つために運賃を下げる価格競争に陥りがちである．船舶の大型化もコンテナ輸送の普及に役立った一方，サービスの市場価値を低下させ，価格競争を激化させた．

コンテナ輸送は船舶やターミナルへの投資など多額の固定費を必要とする．一方で，生産規模や生産量を増やすことでユニットコストを低下させるスケールメリットが発生する．一回の運航でたくさん荷物を運べたほうが，コンテナを一個運ぶのにかかる減価償却費や船員費や燃料費，入港料も少なくなるためである．スケールメリットがあることは運賃下落への耐性を生むことを通じて，価格競争の余地を作ってしまった（松田 2016）．

もう1つの課題は空コンテナ管理の難しさである．コンテナ輸送では，港近くの空コンテナ置き場（バンプール）に戻されたコンテナの保管費用，返送費用をどう小さくできるかが海運会社にとって大きな問題となる．空コンテナ輸送の問題を回避するには貨物を運んだ先の近くで，新たに帰りの方向に荷物を送りたい荷主を探す必要がある．例えば中国から米国へ荷物を運んだあと，米国で中国向けの貨物を運びたい荷主を見つけなければならない[16)]．しかも，このマッチングは両社が地理的に近い，使う船社が一致するなど様々な条件をクリアしなければならない．もちろん，このような対策はすでにいくつも試みられており，米国からアジア方面にコンテナを返送するために，穀物や肥料，古紙などを低い運賃でコンテナ輸送している．

3 ドライバルク輸送とタンカー輸送

（1）ドライバルク輸送

ドライバルク輸送は，固体の資源を中心に様々な貨物を梱包せずそのままばら積み船（Bulk Carrier）で輸送する方法を指す．年間約54億t[17)]が世界中で輸送されている．そのなかで鉄鉱石，石炭（原料炭，一般炭[18)]）と穀物は「メジャーバルク」と呼ばれる主要貨物であり，世界のドライバルク輸送の6割強を占める．メジャーバルク以外の塩，アルミ塊，銅鉱石，スクラップ，木材チップなどの品目は「マイナーバルク」と呼ばれている．

ばら積み船には様々なサイズがあり，運ぶ貨物の量や，寄港地の規模にあわせて使い分けられる．最も大きい船舶はVLOC（Very Large Ore Carrier）であり，標準的積載量は25万tにのぼる．VLOCは鉄鉱石を運ぶために利用される．次に大きなサイズはケープサイズ（Capesize）であり，鉄鉱石や石炭を運ぶのに用いられる．ケープサイズは標準的積載量が18万tで，かつてはスエズ運河やパナマ運河を通航できる大きさを上回っていた[19]．インド洋大西洋間を喜望峰（Cape of Good Hope）経由で，大西洋太平洋間をホーン岬（Cape Horn）経由で通る必要があることから，このような名がついた．大型ばら積み船はコンテナ船と同様，荷役機器を船に積んでおらず，港にある大規模な荷役設備で荷物の積み下ろしを行う．工場やサイロなどの施設と荷役設備が直結していることが多い．

パナマックス（Panamax）は，パナマ運河の旧閘門を通航できる最大船型という意味を持つ，長さ900 ft（約274 m），幅106 ft（約32 m）以内の船を指す．標準的な積載量は8万tで穀物を含むメジャーバルクを運ぶのに用いられている．パナマックスより小さい船型は世界のほとんどの港に入ることができるため，積載量約6万tのハンディマックス（Handymax）や同約3万tのハンディサイズ（Handysize）など「ハンディ」という名前がついている．これらの船型はクレーンを装備しており，荷役設備のない港でも荷役ができる点が特徴となっている．

（2）タンカー輸送

タンカー輸送は，液体や気体の資源を梱包せずタンカーで輸送する方法を指す．原油などが年間約29億t，LNG（液化天然ガス）が約4億t[20]，世界中で輸送されている．

タンカーには原油を運ぶ原油タンカー（Crude Tanker）と，ガソリンやナフサ，灯油や軽油など石油製品を運ぶプロダクトタンカー（Product Tanker），メタノールやベンゼンなど化学薬品を運ぶケミカルタンカー（Chemical Tanker）のほか，気体を運ぶガスタンカー（Gas Tanker）がある．液体を運ぶタンカーは，万が一の事故が起こった場合でも，油などの液体貨物が船の外に漏れにくいよう，船の外側の殻（船殻（せんこく））を二重にするダブルハル構造で建造されている．

原油タンカーで最も大きいのはVLCC（Very Large Crude Carrier）であり，積載量は20万tを超える．次に大きなサイズがスエズ運河を通航できる最大サイズのスエズマックスタンカー（Suezmax Tanker）であり，積載量は15万t前後である．この下のサイズが積載量10万t前後のアフラマックスタンカー（Aflamax Tanker）である．これらの船舶は沖合に停泊し，パイプを通じて原油を輸入地に揚げる．

プロダクトタンカーやケミカルタンカーは，様々な種類の貨物を同時に運ぶことが多い．そのため複数のタンクやパイプが用意されており，個々の製品が混ざらないように配慮されている．

4 外航海運業が直面する課題とその対応

（1）海賊問題

現在外航海運業が直面する主な課題として，海賊問題（Piracy），温暖化への対応が挙げられる[21]．アデン湾や紅海，インド洋やアラビア海を含む海賊多発地域はアジアと欧州・中東を結ぶ海上交通路にあり，この海域における通航船舶の安全確保も重要な課題である．世界の海賊関連情報を収集・発表している国際商業会議所（ICC）国際海事局（IMB）によれば，2021年における世界の海賊事案の発生件数は132件と，最盛期の2010年の445件から3分の1まで減少した．

かつてソマリア海賊の発生件数は2011年に237件まで増加し，全世界の発生件数の半分以上を占めていた．しかし2012年に75件，2013年には15件まで減少し，それ以降も10件を上回る年はなくなった（図3-8参照）．これは日本を含む各国艦艇による護衛活動，海賊防止マニュアルである「ベスト・マネジメント・プラクティス（BMP）」に基づく各船舶の自衛措置の実行，民間武装警備員の乗船などの成果である．これまで大きな脅威とされてきたマラッカ・シンガポール海峡での海賊行為も日本や沿岸国などによる継続的な取組みがなされている．

しかし，海賊の脅威は継続しており，最近では凶悪な海賊事件が多いギニア湾周辺を中心に，西アフリカでの海賊事案が懸念されている．2005年以降は毎年20件未満に抑えられてきたマラッカ・シンガポール海峡でも，近年は増加傾向にある．

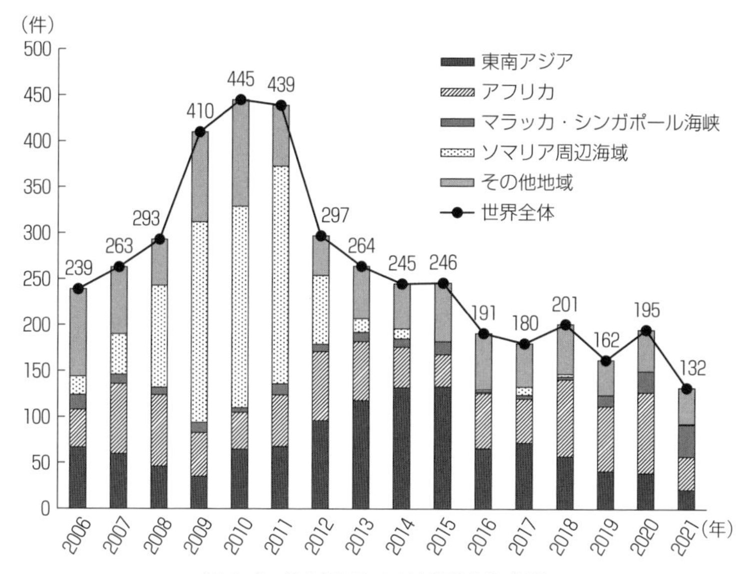

図3-8　海賊事案の地域別発生件数

注：グラフ上方の数字は全世界合計.
出所：IMB "Piracy and Armed Robbery against Ships".

（2）温暖化への対応[22)]

温暖化への対応も外航海運をめぐる大きな問題であり，国連の専門機関である IMO（国際海事機関）で議論が進められている[23)]．船舶一隻あたり輸送効率は優れており，トンマイルあたり CO_2 排出量ではトラックの15分の1未満，飛行機の200分の1未満である（日本船主協会 2021）．一方で活動する船舶が5万隻に及ぶため，2020年時点で外航海運に携わる船舶から排出される CO_2 は約7億tで世界全体の約2.1%でドイツ一国分の排出量に匹敵している．

しかも，海上輸送量は増加が続き，それに合わせて排出量も増加することが予想されている．IMO の議論では排出削減のアプローチとして排出効率の良い船舶を建造することを目指す技術的手法，運航方法を改善することで CO_2 排出量を減らす運航的手法，排出を減らすインセンティブメカニズムを設けて排出削減を促す経済的手法の三種類が考えられている．技術的手法に関しては2011年に新造船に対するエネルギー効率設計指標（EEDI）の導入とそれに基づく排出規制の実施，船舶エネルギー効率管理計画（SEEMP）作成の義務化が採択されている．

2018年には2030年までに2008年比で燃費効率を40％改善し，2050年に温暖化効果ガスの総排出量を50％削減することを目指す「GHG削減戦略」がIMOで採択された．この戦略に沿った短期，中期，長期の対策を順次導入することとなっている．2019年からは「運航データ報告制度」が始まり，2023年からは既存船への燃費性能規則および燃費実績格付け制度の開始が決定している．現在は重油に代わり環境性能の高い燃料の利用も多くの場所で検討されており，今でも多く使用されているLNG燃料船のほか，水素燃料，アンモニアなどを用いた船舶の開発も進んでいる．

演習問題

1．コンテナ輸送でLCL貨物を運ぶとき，図3-5に加えてどのような形で運ばれる必要があるか調べなさい．
2．海運会社が現在実施している環境対策を調べなさい．

注

1）大手荷主の多くは輸送モードやルート選択に際して，排出する二酸化炭素量など環境負荷を勘案して意思決定を行う．また，デジタルフォワーダーでは，コスト以外に排出二酸化炭素量を示す企業もある．

2）厳密には外航海運は貨物輸送と旅客輸送に分かれるが本章では貨物輸送だけを外航海運と呼ぶ．外航旅客輸送は博多と韓国の釜山を結ぶ航路などの定期航路と客船による観光旅行を行う外航クルーズに分類される．ただし，下関と韓国の釜山を結ぶ関釜フェリーのように，旅客と貨物の両方を運ぶケースも存在する．なお，国内貨物を船で輸送する内航海運については第4章で説明する．

3）英語では外航海運のうち，航行距離の短いものをShort-Sea Shipping，長いものをDeep-Sea Shippingと使い分けることがある．

4）2011年の値．IHS Global Insightによる推計値．

5）2011年の値．データ出所：日本船主協会「日本海運の現状」．

6）このことは「海運に対する需要は実物に対する需要から生じる派生需要である」ことを意味している．海上輸送に対する需要については，Stopford（2009）などを参照．

7）ONEの持株会社が邦船三社の子会社であり，事業運営会社がシンガポールに設立されている．

8）コンテナ船の船腹量のシェアに関する数値は2022年5月31日現在のAlphaliner

Top 100（https://alphaliner.axsmarine.com/PublicTop100/　2022/３/31 閲覧）から引用している.

9）https://fortune.com/global500/2021/（2022/３/31 閲覧）.

10）日本の鉄道輸送で用いられている５t コンテナやアメリカで用いられている 53 ft コンテナは国際規格ではない.

11）通常，海上コンテナは海運会社かリース会社の所有である．貨物を運ぶ際には海運会社を通じてコンテナを借りなければならない.

12）Bernhofen, El-Sahli and Kneller（2013）にこの話が掲載されている.

13）これは FCL 貨物輸送について説明している．LCL 貨物については演習問題１を参照.

14）海上コンテナをトレーラーで輸送することをドレージ輸送と呼ぶ.

15）もちろん，早めに荷下ろしができるように積み込む，など他との差別化を図ったサービスも見られる.

16）このようなコンテナの利用方法を「ラウンドユース」と呼ぶ.

17）Clarksons, Shipping Intelligence Network による 2021 年の値.

18）原料炭は鉄鉱石と一緒に鉄の原料として用いられる石炭であり，一般炭は燃料に用いられるものである．原料炭の方が高値で取引される.

19）現在は，積み荷の状態によってはスエズ運河は通航できる.

20）Clarksons, Shipping Intelligence Network による 2021 年の値.

21）海賊問題に関しては The Economist, "Somali piracy: More sophisticated than you thought" 2013 年 11 月２日号でソマリアの海賊ビジネスについて説明がある．また，映画「キャプテン・フィリップス」は 2009 年に起きた海賊事案をベースにしている.

22）国際物流の脱炭素化への対応については，第 10 章第２節も参照されたい.

23）世界全体の気候変動対策に関しては国連気候変動枠組条約（UNFCCC）締約国会議（COP）で議論されることとなっている．外航海運に関しては京都議定書の規定に基づいて海事専門の国連機関である IMO を通じて温室効果ガスの抑制や削減を目指すこととされている.

第4章

輸送の基本（2）

内陸輸送業者とは，内陸輸送（Inland Transport）業務を行う事業者の総称である．一般的に，輸送の形態から，鉄道輸送，トラック運送，内航海運の3種類に分類される．

1 航　空

（1）航空貨物輸送の市場

近年，新興国を中心とした経済発展により，人や貨物の流れについても国境を越えたグローバル化が拡大し，航空輸送は増加傾向が見られている．このような経済情勢の中，2001年の米国同時多発テロ，2008年のリーマンショック，2020年からの新型コロナウイルス感染拡大などの影響が見られる一方，長期的には全世界的な航空輸送は旅客と航空貨物に対する需要の増加が見込まれている．

航空貨物の取扱量（国内線と国際線の合計，単位：重量）について，2021年における上位10空港における2000年からの推移は図4-1の通りである（ACI 2021）．上位の空港は米国（メンフィス，アンカレジ，ルイビル，ロサンゼルス）と東アジア（香港，上海，仁川，台北，成田）が占めている．次節で紹介する大手インテグレーターによる貨物専用のハブ空港として，米国のメンフィス（フェデックスエクスプレス）やルイビル（UPS）において運営されている．また，高付加価値製品を取り扱うことが多い航空貨物は，アジアを中心とする国際分業の展開に伴い貨物量も右肩上がりの成長を続けている．なお，国際的な航空貨物の輸送についてはモレル（2016），アジア域内の航空貨物輸送は池上編（2017）において詳しく解説されている．

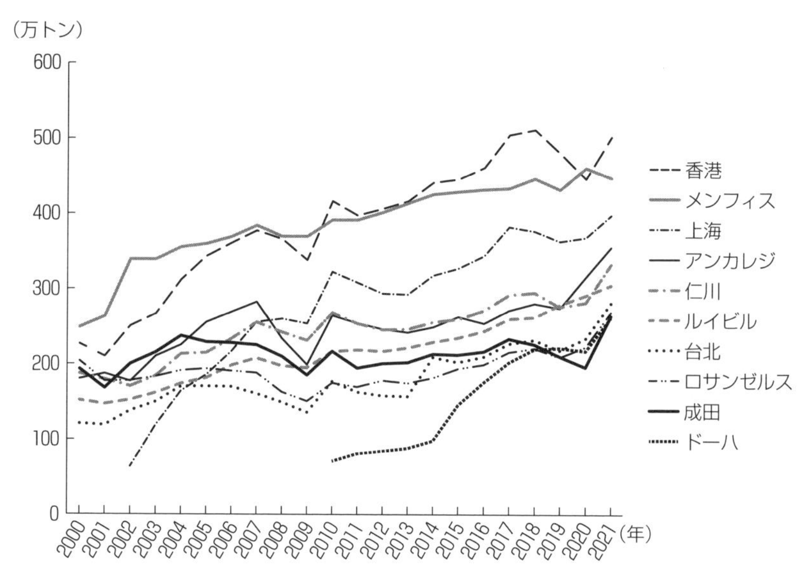

図 4-1　世界主要空港における航空貨物取扱量の推移

表 4-1　航空貨物の主な品目

品目	概要
緊急品	医薬品・緊急支援物資・サービス部品等のように，輸送コストに関係のないスピードを重視した緊急貨物
高価品	サンプル品や電子部品のような荷姿が軽薄短小で，輸送コストは商品価格に対して微小な貨物
生鮮品	生鮮食品・花卉・果物等のようにスピードによる商品価値の保持を求められる貨物
一般商品	マーケティング戦略に基づく新規商品，衣服，書類，雑誌，新聞等の貨物

出所：石原（2015）を基に筆者作成.

航空輸送で取り扱われる貨物品目については，**表 4-1** のように，電子製品や医薬品，衣服，食品など小ロットで高付加価値，時間的な速達性・正確性，輸送中の振動・衝撃などのリスク回避を求められる品目が多い．一方，海上輸送では第 3 章でも確認したように，資源・エネルギーや工業製品，雑貨などのように大ロットで重量や容積のかさむ貨物が運ばれている．このように，国際物流における輸送機関の選択において，貨物の品目の特性に応じて，海運と航空を使い分けることが重要である．

（2）航空貨物の輸送システム

航空会社（Airlines）はキャリア（Carrier）とも呼ばれ，航空機（主に飛行機）を用いて旅客や貨物を輸送する業者のことを指す．航空貨物の輸送においては，航空機を運航するキャリアとともに，貨物の集荷や配送を行うフォワーダー（Forwarder），貨物専門のインテグレーター（Integrator）と呼ばれる企業が関係する．フォワーダーとは，不特定多数の荷主から貨物を集めて大口貨物に仕立てて，輸出入に必要な手続きを行い航空貨物に引き渡す．インテグレーターとは，自ら航空機を保有し運航するフォワーダーであり，個人向け小口急送貨物を対象にDoor to Doorのサービスを提供している．インテグレーターの運航形態としては，旅客輸送と同様にハブ・アンド・スポーク型輸送システムが採用されており，ハブ空港において貨物の積替を一括して行うことで，積載効率や運行効率を高めることが可能となっている．

一般的にキャリアは，従来型航空会社（FSC：Full Service Carrier），低費用航空会社（LCC：Low Cost Carrier），ハイブリッド航空（FSCとLCCの中間的な航空会社），リージョナル航空（国の特定の地域に就航する地方航空会社）の4種類に分類される．世界の航空会社における航空貨物の輸送量（国際線・国内線，トンキロ，2020年）では，上位5社はフェデックスエクスプレス，UPS，カタール航空，エミレーツ航空，キャセイパシフィック航空，大韓航空である（IATA 2021）．このように航空貨物輸送においては，世界的な航空ネットワークを有するFSCとともに，貨物専用機（フレーター）を用いたインテグレーター（フェデックスエクスプレス，UPS）が主体である．LCCで貨物の取り扱いがそれ程行われていない理由としては，小型機材のため輸送容量や品目（危険物）が限られていること，短い折返時間（30分程度）内での貨物の荷役に大きな制約があること，貨物向けの夜間時間帯に合わない場合が多いこと，貨物取扱に必要な上屋や人員，セキュリティ等の設備投資が必要であることが挙げられる．

輸送機材としては，旅客機の機体における下部貨物室（ベリー）に20～30t程度，貨物専用機（フレーター）は80～120t程度の貨物をそれぞれ積載可能である．フレーターは図4-2のように，機体前方から上部貨物室への荷役が可能であることから，大型貨物も積載可能となっている．輸送容器としては，図4-3のようなULD（Unit Load Devices）と呼ばれる航空貨物用のコンテナとパレ

図 4-2　貨物専用機（フレーター）の荷役
出所：筆者撮影（香港空港）.

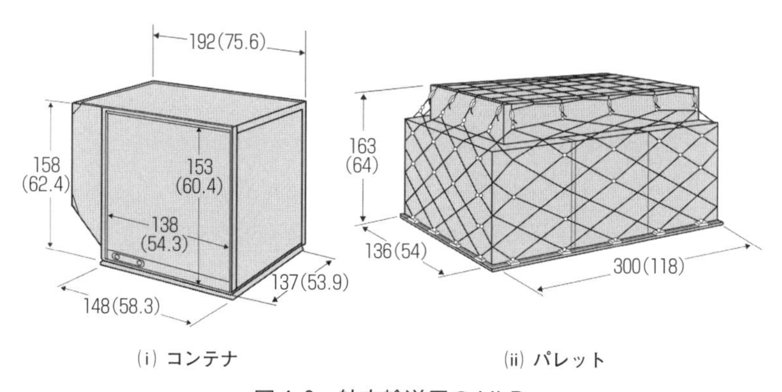

図 4-3　航空輸送用の ULD
出所：ANA HP.

ットを用いる．コンテナの特徴としては，外壁により水濡れがなく，貨物の積付・解体作業がパレットに比べて短時間で済む一方，コンテナの自重や外壁の厚さによるデッドスペースが発生する．なお，ULD のサイズは，世界の航空会社により構成される業界団体である国際航空運送協会（IATA：International Air Transport Association）により，搭載される機材に基づき国際標準規格が定められている．

（3）空港整備の重要性

空港では航空機の離発着とともに，旅客や貨物に関連する施設が空港会社により整備されている．航空貨物輸送では，貨物上屋にて貨物の受渡や一時保管，荷捌きなどの作業が行われ，グランドハンドリング業務として航空機への貨物の荷役が行われる．貨物上屋は空港の敷地内にありスペースが限られていることから，空港周辺地域にはフォワーダーの倉庫が多く立地している．そして，フォワーダーが自社倉庫にてULDへの貨物の積付・解体を行うインタクト輸送を行うことで，輸送リードタイムの短縮，貨物ダメージの削減などのメリットがある．

近年，主要国では，自国内だけでなく近隣諸国も含めた地域外の目的地へ接続する役割を果たす玄関口となるハブ空港としての機能を強化している．特に東アジアにおいては，香港（1998年），上海浦東（1999年），仁川（2001年）など24時間運用の大規模空港が相次いで開港しており，欧米大手インテグレーター各社は，東アジアにおける貨物ハブとしてこれら主要空港を中心に展開している．こうした東アジアの主要空港が図4-1のように世界的に見ても貨物取扱量の上位となっていることからも，空港機能の強化が大きく貢献していると考えられる．日本においては，長年に渡り成田空港がハブ空港として機能してきたが，今後も伸びが期待されるアジア発着貨物を積極的に取り込むため，関西空港を始めとする国内空港の機能強化に向けた取組みが進められている．

（4）日本における航空貨物輸送

国内物流において，航空（国内線）の輸送機関別分担率（トンキロベース）は，約0.2%と非常に低い．この理由として，国内の航空輸送は長距離であるものの，貨物の重量が非常に軽いということが言える．空港別の国内航空貨物取扱量については羽田空港が約4割を占めており，路線別では羽田空港と新千歳，福岡，那覇を結ぶ路線で約半分を占めており，羽田発着の幹線への集中傾向が見られる．

一方，国際物流において，航空機による輸出入は重量ベースでは約0.4%に過ぎないが，日本の貿易における海上輸送も含めた最大の貿易港（金額ベース）は成田空港である．このことからも，航空貨物における貨物品目において高付加価値な品目が多く取り扱われていることが分かる．空港別の国際航空貨物取扱量については成田空港が約6割を占めており，関西空港と羽田空港と合わせた3空港で約9割を占めており，首都圏と関西への集中傾向が見られる．

2 鉄　道

(1) 鉄道貨物の特性

鉄道という輸送機関は，安全性，安定性，高速・大量輸送，エネルギー効率，労働生産性，環境負荷等の観点において優位性が高いという特性がある．とりわけ鉄道貨物は，高速性と定時性に優れ，中長距離かつ大量輸送が必要な貨物において活用されている．具体的には，鉄道貨物の平均輸送距離は約900 km，1編成の輸送力は最大650 t（10 t トラック65台分）である．環境面では，同じ重さの貨物を運ぶ際の二酸化炭素排出量がトラックの約13分の1であり，物流分野における二酸化炭素排出削減に向けたモーダルシフトが有効であると言える．

(2) 日本における鉄道貨物輸送

日本では全国的な幹線鉄道網を有しているものの，旅客輸送が主体となっており，国内・国際物流ともに諸外国に比べて貨物輸送に鉄道が活用されていない．国内物流について，鉄道の輸送機関別分担率（トンキロベース）は，1950年度には約50％近くのシェアで合ったものが，1985年度以降は約5％程度とかなり低い状態が続いている．この理由として，1970年代からのモータリゼーションに伴うトラック輸送の進展とともに，コンテナ輸送などの近代化や合理化への対応が遅れたということが挙げられる．現状として，日本において鉄道貨物輸送が普及しない要因として，旅客輸送が主体の固定化されたダイヤ，積み替えが不可避といった輸送モードとしての使いづらさ，トラック等他モードとの限定的な連携，災害発生時に長期にわたり途絶する等の脆弱性，貨物の小口化・多頻度化やリードタイムの短縮等の社会・荷主のニーズの高度化が挙げられる．

現在，日本の鉄道事業法に基づく事業許可を取得している鉄道事業者のうち，貨物運送を行っている事業者（貨物鉄道事業者）として，日本貨物鉄道株式会社

（JR 貨物）が全国ネットワークで事業展開を行っている．JR 貨物では主に「コンテナ輸送」と「車扱輸送」の輸送サービスを提供しており，後者は主に臨海部から内陸地域に向けて石油やセメントなどを専用の貨車を用いて運搬している．コンテナ輸送では主に独自の規格である長さ 12 ft の鉄道コンテナを利用しており，食料工業品や宅配便等の生活関連物資を中心とした雑貨を輸送している．なお，国内における鉄道貨物輸送については，福田（2019）において詳しく解説されている．

国際物流において，輸出入コンテナ貨物の国内輸送は 9 割以上がトレーラーとなっており，鉄道輸送は活用されていないのが現状である．海上コンテナ輸送における内航フィーダーとして，国際規格の海上コンテナ（20 ft や 40 ft など）を用いて，国内主要港と接続した鉄道コンテナ輸送が行われている．海上コンテナ専用列車として，京浜港と東北地方，阪神港と九州地方などの国際コンテナ戦略港湾と結ばれた区間で運行されている．なお，国際海上輸送の標準となりつつある背高コンテナ（高さ 9.6 ft，約 4.2 m）については，東海道や山陽方面を中心にトンネルの建築限界の関係で輸送できないため，低床化した専用コンテナ貨車の導入が進められている．さらに，韓国や中国向けのサービスとして，12 ft の国内向け鉄道コンテナを用いて，西日本の港湾からのフェリー・RORO 船の航路と連携した国際一貫輸送システム（SEA&RAIL サービス）を提供している．

（3）諸外国における鉄道貨物輸送

諸外国では，鉄道貨物輸送は海上輸送，航空輸送の中間的な性質を持つ第 3 の輸送モードとして，国内物流のみならず，国際物流においても大陸横断輸送（ランドブリッジ）として広く活用されている．国内物流としては，中国，北米などの広大な国土の内陸輸送に用いられている．特に，米国では大陸横断鉄道として，米国の東岸と西岸の主要港から物資集積地であるシカゴとの間で国際海上コンテナを二段積にしたダブルスタック・トレインと呼ばれる長編成の貨物列車による大量輸送が実施されている．

国際物流としては，欧州域内の越境輸送とともに，アジアやアフリカなどでは港湾と内陸国を結ぶ越境輸送が行われている．アジアと欧州を結ぶ大陸横断

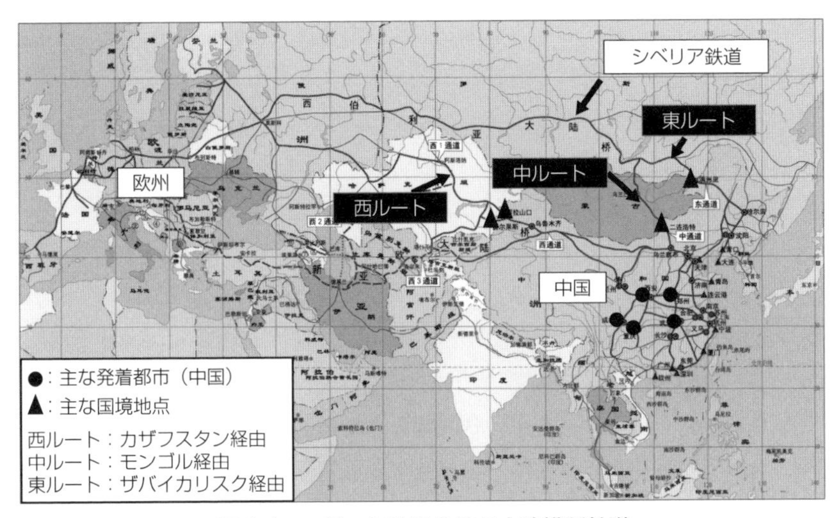

図 4-4　アジアと欧州を結ぶ大陸横断鉄道

出所：中村・渡部・松井（2021）を基に筆者作成.

鉄道として，シベリア鉄道を活用したシベリア・ランドブリッジが1970年代より利用されているとともに，近年では図4-4のような中国と欧州を結ぶチャイナ・ランドブリッジにおける鉄道コンテナ輸送（中欧班列）で著しく輸送量が増加している．鉄道を利用したコンテナによる複合一貫輸送については，柴崎（2019）において詳しく解説されている．

3　トラック運送

（1）トラック運送の特性

貨物自動車（トラック）による輸送の特性として，貨物の集荷から配達までのDoor to Door輸送や時間を問わないフレキシブルなサービスが可能であり，幅広い物流ニーズに対応した利便性が挙げられる．また，船舶，鉄道，航空による長距離輸送の末端輸送のうち大半をトラックが担っており，複合一貫輸送（インターモーダル輸送）において重要な役割を担っている．一方，交通事故の増加，有害な排気ガスや二酸化炭素など温室効果ガスの排出による環境問題，道路混雑等の問題などが生じており，各種の対策が必要となっている．環境問題への対策としては，ゼロエミッションに向けた環境負荷の更なる低減に向けて，二次電池に充電した電気によってモーターを動かす電気自動車（EV）や燃料として積んだ水素で発電して走行する燃料電池車（FCV）に基づくトラックに関する技術開発が進められている．

近年の世界的な貨物輸送の需要増加と深刻なドライバー不足への対策として，トラック輸送の省人化・生産性向上を図るため，欧米主要国において，大型トラックの全長や総重量が大幅に緩和された大容量車両（HCV：High Capacity Vehicle）の導入が行われている．欧州においては，European Modular System（EMS）と呼ばれる車両規格の標準化が進められ，トラクターとトレーラーの様々な連結パターンにより荷量に合わせた車両編成を行うことが可能となった．また，自国内のみならず，一部では越境輸送にも用いることが可能となっており，車両運用の効率化が図られている（渡部 2021）．日本においても，ドライバー不足や働き方改革による労働時間規制の強化等に対応すべく，HCV として大型トラック約 2 台分の輸送力を持つダブル連結トラックが本格導入されている．さらに，将来的には自動運転による貨物輸送の無人化を実現すべく，トラックの自動運転・隊列走行等の実現に向けた技術開発が世界的に進められている（渡部 2020）．

（2）道路整備の重要性

トラックによる輸送は道路を用いて行われており，効率的な物流ネットワークの構築のためには，主要都市間を結ぶ高速道路や空港・港湾へのアクセス道路等の整備が必要不可欠となる．日本においては，高度経済成長期のモータリゼーションを背景として，1963 年の名神高速道路の開通を皮切りに，日本全国に高速道路網が整備されてきた．近年では，重要物流道路として物流上重要な道路網が指定されており，トラックの大型化に対応した道路構造の強化や災害時の道路の啓開・復旧の迅速化等の機能強化がなされている．さらに自動運転の実現に向けたインフラ側からの支援策として，主要な高速道路における 6 車線化など機能強化，本線合流部での安全対策などがなされている．

欧米の主要国においては高速道路が稠密に整備されており，世界各国で広域幹線となる道路網整備が進められている．アジアにおいては近年，アジアハイウェイ（Asian Highway）と呼ばれる広域幹線道路の整備が進み，トラック輸送を活用した越境輸送に注目が集まっている．アジアハイウェイは，アジアのほぼ全域を網羅した国境を越えた高速道路ネットワークを築くことで，国内だけでなく国際間の経済及び文化交流を促進させることを目的として，1959年に国連により計画された．現在，アジア域内での参加国は32カ国，総延長は約14万2000 kmにおよび，参加国の首都，重要都市，主要港湾・空港，工業，農業の中心地などを結ぶ一大道路網となっている．ちなみに日本国内を通過する路線として，アジアハイウェイ1号線が東京から福岡を経て，トルコ・ブルガリアの国境までの計14カ国，約2万1000 kmを結んでいる．

（3）日本におけるトラック運送

国内物流において，トラックの輸送機関別分担率は約5割（トンキロベース）と非常に高い．国際物流において，日本の輸出入コンテナ貨物の国内輸送は9割以上が陸運（トレーラー）となっており，こちらも非常に高いと言える．

自動車により貨物を有償で運送するトラック運送事業は，貨物自動車運送事業法に基づき国土交通省の許可を受ける必要がある．トラック運送事業では中小企業が99％を占めており，荷主に対して立場が弱いため，長時間の荷待ちや適正な運賃が収受できないなどの課題がある．そのため，物流の改善に向けて荷主企業や物流事業者等の関係者が連携して相互協力する「ホワイト物流」推進運動や，標準的な運賃の告示制度の導入などの取引環境の適正化に向けた取組みが進められている．また，トラックドライバーは他の職業と比べて長時間労働・低賃金の状況にあり，高齢化に伴う大量退職や生産年齢人口の減少に伴い人材確保が困難になっている．その対策として，働き方改革に基づき2024年度から時間外労働の上限規制（年960時間）が適用されるとともに，女性や高齢のドライバーも働きやすい労働環境の実現に向けた取組みが進められている（盛山 2020）．日本のトラック運送事業の展開については，野尻（2014）において詳しく解説されている．

（4）諸外国におけるトラック運送

トラック運送は海上輸送に比べると所要時間が早く，航空輸送に比べると運賃が安く，少量多頻度でDoor to Doorの運行が可能となるという特徴を持っている．諸外国において国内物流のみならず，国際物流において複合一貫輸送を含め広く活用されている．トラックによる越境輸送は，自国に港湾を有さない内陸国への主要港からの海上コンテナ輸送を含めて，特に欧州やアジア，アフリカにおいて盛んに行われている（柴崎 2019）．

欧州においては，1993年の欧州連合の成立に伴い域内の自由走行が可能になり，トラックによる越境交通が盛んとなった．東南アジアにおいては，日系企業の多くが中核的な生産拠点と位置付けており，域内に分業体制を構築している企業が多いことから，今後，トラック輸送を活用することで域内物流の効率化が期待されている．安全かつ安定的な越境輸送に必要なインフラとして，ハード面の道路や橋梁，トンネルなどの整備とともに，ソフト面の通関・検疫，トラック通行規制などの国境通過の手続きの簡素化などの取組みが挙げられる（渡部ら 2013）．

4 内航海運

（1）内航海運の特性

内航海運（Domestic Shipping）は，国内の海上輸送のことを示し，一般的には大陸間を結ぶ外航海運に比べると少量かつ短距離の海上輸送である．国内のみならず越境輸送を含む場合は，近海輸送（Short Sea Shipping）あるいは内陸水運（Inland Waterway Shipping）となる．不定期船については，外航海運と同様に，貨物の品目や輸送形態により様々な船種が見られる．

定期船については，比較的短距離を高頻度で運行することから，効率的な船舶の運用のために，一定の単位（ユニット）にまとめて輸送されるユニットロード（Unit Load）が利用されることが多い．ユニットロードのメリットとして，発地から着地まで荷役・輸送・保管できるため，荷役作業の標準化，荷役や輸送効率の向上が挙げられる．船舶の種類としては，LOLO（Lift on Lift off）船とRORO（Roll on Roll off）船の2種類がある．LOLO船は，コンテナを陸上のガントリークレーンや本船クレーンにより荷役を行い，垂直荷役方式とも呼ばれる．LOLO船の代表例としては，国際コンテナ貨物の二次輸送として，主要港と地方港の間で運航している小型のコンテナ船が挙げられる．一方，RORO 船は，船体に設置されているランプウェイを使って，トラックやトレーラーなどを自走で乗り降りさせ荷役を行い，水平荷役方式とも呼ばれる．フェリーは，RORO 船と同じ荷役方式であるが，旅客を扱うことが大きな特徴である．フェリー・RORO 船は LOLO 船に比べて，荷役時間が大幅に短く，貨物への衝撃も小さいことから，高付加価値な貨物を高速かつ高品質に輸送することが可能となる．

(2) 日本における内航海運の現状

日本の内航海運は，四方を海に囲まれた国土において，国内物流のみならず，国際物流において重要な役割を果たしている．国内物流において，内航海運の輸送機関別分担率は約 4 割（トンキロベース）と高く，特に鉄鋼や石油製品等の産業基礎物資の輸送においては約 8 割を担っている．さらに近年，トラック輸送におけるドライバー不足や働き方改革による労働時間規制の強化等により，長距離幹線輸送を中心に内航海運によるモーダルシフトの更なる推進が期待されている．

国際物流においては，国内各港からの海上コンテナ輸送における内航フィーダー航路網が構築されており，国際コンテナ戦略港湾に指定されている京浜港と阪神港を中心として国内主要港でトランシップする貨物の「集貨」に重要な役割を果たしている（国土交通省編 2021）．

内航海運の特性としては，鉄道と同様に，大量輸送が可能である効率性や省人化が挙げられる．具体的には，内航コンテナ船として就航している代表的な船型（総 t 数 749 GT）では，乗組員 6 名程度で約 200 TEU の海上コンテナを積載可能である（井本商運 HP）．環境面では，同じ重さの貨物を運ぶ際の二酸化炭素排出量がトラックの約 6 分の 1 であり，鉄道よりは高いものの低負荷であると言える．また，災害発生時において，トラックや鉄道からの代替輸送や緊急物資輸送等を担っており，物流の代替性を確保することが可能である．一方，内航海運の構造的な課題である船舶と船員の「2 つの高齢化」への対策として，船員の確保・育成及び船員の働き方改革の推進，荷主やオペレーターとの取引環境の改善とともに，運航・経営効率化や新技術の活用等の内航海運の生産性向上が挙げられている（国土交通省編 2021）．日本の内航海運の現状については，森（2020）において詳しく解説されている．

（3）諸外国における内航海運

内陸水運については，欧州域内では国際河川であるライン川やドナウ川，中国では長江，北米では五大湖やミシシッピ川などでの活用が挙げられる．とりわけ欧州の内陸水路網は，主要港湾と商工業都市が結ばれており，図 4-5 のような海上コンテナのバージ等による主要港から河川舟運を活用したフィーダー輸送が活発である（日本舶用工業会 2017）．

近年では，近海輸送における国際フェリー・RORO 船を活用した海陸複合一貫輸送サービスが注目されている．コンテナ船は船速が比較的遅く，港湾でのクレーン等による荷役が必要となる一方，フェリー・RORO 船は高速かつシームレスであり，航空輸送よりも運賃が安いことが特徴である．対象品目としては，速達性とともに振動や衝撃（特に荷役時）に敏感な高付加価値貨物やコンテナに収納できない幅広・長尺などの大型貨物が挙げられる．さらに，相手国とのシャーシの相互通行により，港湾でのシャーシの貨物積替が不要となることから，Door to Door のシームレス化が実現可能となる．日本においても，中国・韓国方面を中心に国際航路が高頻度で就航しており，今後の益々のサービス拡大が期待されている（藤原・江本 2013）．

図 4-5　欧州における海上コンテナのバージ輸送
出所：筆者撮影（オランダロッテルダム港）．

演習問題

1．国際航空貨物輸送において，図 4-1 にある貨物取扱量の推移から，2010 年台からドーハ空港（中東）の伸びが著しい理由について考察せよ．
2．複合一貫輸送について，メリットとデメリットをまとめた上で，国内外での活用事例について考察せよ．

第5章

ロジスティクス業者の役割と分類

1　実運送人と利用運送業者

（1）貨物利用運送事業

国際物流において，輸送サービスを提供する業者は実運送人（Actual Carrier）（または実運送業者）と利用運送業者に分類される．実運送人は海運会社，航空会社，鉄道会社およびトラック会社などを指す．彼らは，自らが輸送手段（船，飛行機，鉄道車両，車両など）を所有して出発地から目的地まで（港から港，空港から空港，駅から駅など）までの実際の輸送を受け持つ．

これに対し利用運送業者は，荷主から貨物の運送を引き受けるものの，自分では輸送手段を所有せず，実運送人による運送を利用することで荷主との輸送契約を履行する．利用運送業者は特定荷主からだけでなく，複数荷主からの依頼を受ける[1)]．

荷主から貨物を預かり，実運送人が所有する輸送手段を用いて貨物運送を取り次ぐ業者のことをフォワーダーと呼ぶ．貨物運送の仲介業者のことである．詳細にはNVOCC（Non Vessel Operating Common Carrier），航空フォワーダー（Air Freight Forwarder），混載業者（Consolidator），国際複合一貫運送業者（Multimodal Transport），インテグレーター（Integrator）などの区別がある[2)]．

利用運送業者を規制する法律として日本には2003年から貨物運送取扱事業法から名称が変わった「貨物利用運送事業法」がある．1990年に貨物運送取扱事業法と貨物自動車運送法の物流二法とともに施行され，各輸送手段にまたがって独立して機能を果たす事業としてフォワーダーの業務が位置づけられることとなった[3)]（森 2007）．

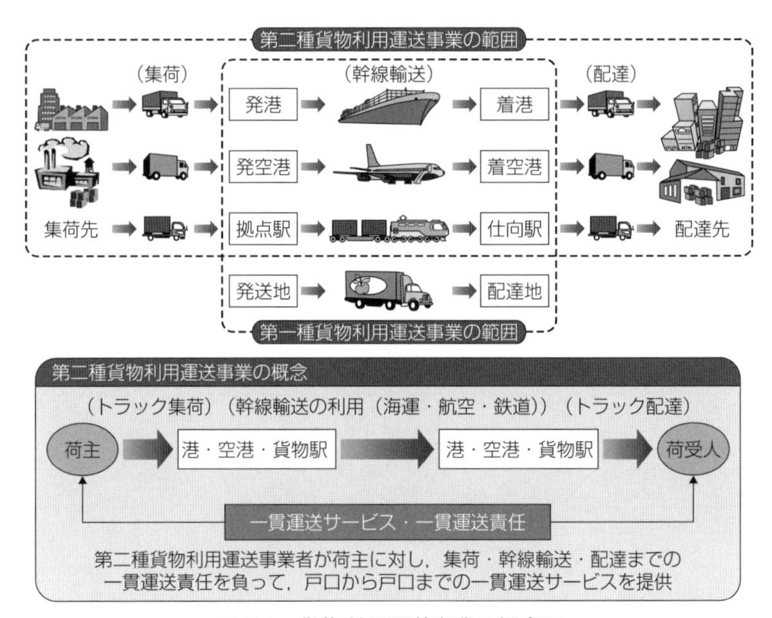

図 5-1　貨物利用運送事業の概念図

出所：小川（2012）.

貨物利用運送事業は，荷主との運送契約に基づき，国内外を問わず，陸海空の輸送手段を利用して貨物の集荷から配達までを一貫して行う輸送サービスのことと規定されている（貨物利用運送事業法第二条7および8）．また，このような実輸送の利用とともに荷主先までの集貨・配達を合わせて行うか否かで，第一種貨物利用運送業と第二種貨物利用運送業の2つに区分され，第二種は，実運送の利用とともに荷主先までの集貨・配達を合わせて行うことができる（図5-1）．

貨物利用運送事業の機能は，実運送人が提供する輸送サービスを補完するだけではない．特定の輸送手段やルートに縛られずにDoor to Doorの輸送を行うことで付加価値をつけた輸送サービスを提供する積極的な役割が期待されている．実際，国際物流においては，輸送以外にも通関や保険，書類作成，決済などの業務も要求される．さらに国内での港湾・空港までの集配や保管，流通加工などの物流業務を必要とする場合も多い（林 2021）．これらの貿易関連業務は外注した方が効率的なことも多く，一連の手続きを引き受けるサービスも

表 5-1　貨物利用運送事業者数の推移

	鉄道	航空（国際，一般混載）	航空（国内，一般混載）	自動車	内航	外航
2010	1,008	106	64	21,929	1,978	686
2011	1,040	113	65	22,394	2,037	729
2012	1,047	116	66	22,841	2,027	769
2013	1,064	129	67	23,287	2,091	825
2014	1,074	130	68	23,543	2,165	569
2015	1,090	127	68	23,841	2,221	911
2016	1,095	128	67	24,253	2,288	989
2017	1,118	130	67	24,580	2,360	1,044
2018	1,113	136	67	25,038	2,454	1,069
2019	1,140	136	67	25,439	2,509	1,105

出所：日本物流団体連合会『数字で見る物流 2021 年版』.

フォワーダー業務の範疇に含まれる．

日本国内における貨物利用運送事業者数は航空が国際輸送で 136 社，外航海運で 1105 社存在し，近年は増加傾向にある（表 5-1）．

（2）NVOCC と航空フォワーダー

NVOCC を日本語に訳すと「非船舶運航一般輸送人」であり，不特定多数の荷主からの依頼に応じて，海上貨物輸送を引き受ける業者を指す．彼らの存在は，米国の「1984 年米国海運法（Shipping Act of 1984)[4]」によって正式に認可され，NVOCC という言葉は，米国以外でも広く海運業界で使用されるようになった（小川 2012）．

NVOCC は海上運送を行う船舶を自分では運航せず，実運送人（船会社）に対し荷主として貨物運送を依頼する．ときには他の NVOCC に依頼を行うこともある．彼らは船会社に対しては，荷主（shipper）かつ荷受人（consignee）である一方，実際の貨物の荷主（実荷主）に対しては彼らが運送人となるため，独自の運賃を収受する一方で貨物輸送，受け渡しに関する一切の責任を持つ（図 5-2 参照）．

NVOCC は，狭義では海上での利用運送業者を意味するものの，彼らの業務

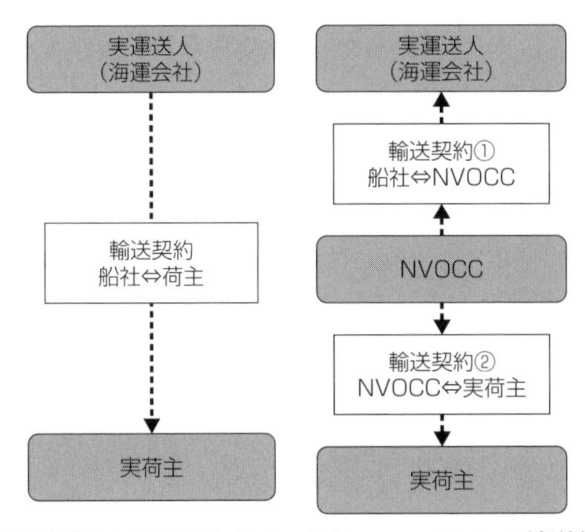

図5-2　実運送人とNVOCC（または航空フォワーダー）の輸送契約の違い

はそれにとどまらない．NVOCCの多くは陸上輸送などほかの輸送モードを組み合わせた複合輸送サービスを提供している．海上コンテナ運賃には，一回限りの輸送に適用されるスポット運賃と，一定期間内に一定量の貨物を運ぶ際に適用される契約運賃があり，フォワーダーは大口貨物の荷主として契約運賃が適用されることが多い．彼らは自社が購入した輸送スペースを分割して販売するため，個々の荷主に対して割引運賃をオファーできる．

海運分野では，船会社が自ら輸送だけでなく，輸送スペースの販売も行うことが多く，荷主との間で直接契約をする貨物の割合も大きい．なかでも日本発着貨物はその傾向が強い．一方で欧州系船社はNVOCCとの関係がもともと深く，NVOCCを経由した貨物の割合が多いことで知られている．航空分野では航空会社が集荷力のある代理店や航空フォワーダーに集荷を任せ，**図5-2**でいうNVOCCを仲介した契約（輸送と販売の分離）が一般的である．欧州系船社の状況は航空分野の形態に近いとも考えることができる．2019年におけるフォワーダーによるコンテナ取扱量は5800万TEUと推定され，船社が輸送する1億9690万TEUの約3割を占めるようになった（林 2021）．今後は海運分野においても輸送と販売の分離が進行する可能性がある．

（3）航空フォワーダー，混載業者，国際複合一貫運送業者，インテグレーター

航空フォワーダーもしくは混載業者は個々の荷主から，スポット運賃または若干の割引運賃で小口貨物の輸送を請け負う業者である．集めた小口貨物を仕向地別にまとめて大口貨物として実運送人に引き渡す．航空運賃は重量が重くなると単位あたりの運賃が低くなるため，これを割引の原資とする．

国際複合一貫運送業者は，船舶や航空機に加えて鉄道やトラックなどの陸上輸送手段を組み合わせ，さらに運送契約も一本化した複合一貫輸送と呼ばれる運送形態を提供する業者である．海上輸送や航空輸送は通常港から港，空港から空港の間の輸送にとどまっており，出発地から空港や港までの輸送や，空港や港から目的地までの輸送契約は別のものとなっている．そのため，一貫した輸送を提示することでワンストップでの輸送サービスの提供を受けられる．

インテグレーターは国際航空貨物分野で用いられる用語であり，航空会社とフォワーダーの機能を持つ運送会社を指す．インテグレイテッド・キャリア（Integrated Carrier）やフォワーダー・キャリア（Forwarder Carrier）という呼ばれ方もする．米国のUPSやFedExやドイツのDPDHLなどが有名な企業として挙げられる．自社で航空機を保有・運航し，キャリアとして自ら貨物航空会社となって実運送を手掛ける一方で航空輸送と陸上輸送を統合することで発荷主から着荷主に至るドア・ツー・ドアの配送サービスを国際的規模で提供しているところに大きな特色がある（小島 2017）．

（4）世界の利用運送業者

表5-2は利用運送業者の海上コンテナおよび航空貨物取扱量ランキングである．世界の利用運送業者で有名なのはドイツに本社を置くDPDHLやDB Schenker，スイスのKuehne + Nagel，デンマークのDSV Panalpinaといった欧州系企業である．

ドイツの国営郵便会社であったDPは1989年以降の郵便事業改革を背景に他分野への進出を余儀なくされ，1990年代後半以降積極的な規模拡大を行うなかで，トップブランドとしての地位を確立した（みずほ銀行産業調査部 2015）．Kuehne+Nagelはフォワーディングのほかに内陸輸送業者への買収を進めて規

表 5-2　利用運送業者の海上コンテナおよび航空貨物取扱量ランキング

社名	本社所在地	売上高（100 万ドル）	海上コンテナ輸送量（TEU）	航空貨物輸送量（t）
DPDHL	ドイツ	28,453	2,862,000	1,667,000
Kuehne+Nagel	スイス	25,787	4,529,000	1,433,000
DB Schenker	ドイツ	20,761	2,052,000	1,094,000
DSV Panalpina	デンマーク	18,269	2,204,902	1,272,405
Sinotrans	中国	12,174	3,750,000	532,300
Expeditors	米国	10,116	1,091,380	926,730
Nippon Express（NX）	日本	19,347	660,152	720,115
CEVA Logistics	フランス	7,416	1,081,100	363,300
C. H. Robinson	米国	15,490	1,200,000	225,000
UPS Supply Chain Solutions	米国	11,048	620,000	988,880
Kerry Logistics	香港	6,867	1,019,924	493,903
GEODIS	フランス	9,135	866,631	290,506
Bolloré Logistics	フランス	5,265	761,000	574,000
Hellmann Worldwide Logistics	ドイツ	2,972	905,100	552,640
近鉄エクスプレス	日本	5,750	640,063	556,875
郵船ロジスティクス	日本	4,248	764,000	337,000
CTS International Logistics	中国	2,160	1,021,007	398,175
DACHSER	ドイツ	6,591	492,440	310,860
Toll Group	オーストラリア	7,260	523,300	117,400
日立物流	日本	6,346	462,000	221,000
Maersk Logistics	デンマーク	6,963	401,369	138,086

出所：A&A's Top 25 Global Freight Forwarders List（https://www.3plogistics.com/3pl-market-inforesources/3pl-market-information/aas-top-25-global-freight-forwarders-list/　2022/ 6 / 6 閲覧）.

模を拡大している．DB Schenker はドイツ国鉄の物流部門でトラック輸送や鉄道輸送でのシェアが高く，DSV Panalpina はＭ＆Ａ（合併・買収）による規模の拡大で知られている．

欧州系の利用運送業者のシェアが高い背景には，EU 誕生とともに起こった規制緩和による，① 運賃自由化による運賃単価の下落，② 通関統合による域内通関業務の廃止，③カボタージュ（他国内での輸送業務禁止）規制廃止による域内全域における競争の発生といった事業環境の変化が指摘されている（みずほ銀行産業調査部 2015）．市場の変化に直面した各企業が，規模の拡大を積極的に進めた結果，業界再編が進展して現在の形になった．

表5-2をみると，欧州系と中国系のフォワーダーが上位を占めている．一方で日系フォワーダーの取扱量はそれほど拡大していないとの指摘がある（林 2021）．これまで日本の物流企業の多くは特定の日系荷主の要請に応える形で海外に進出してきた．当初は企業としての信用や輸送品質，サービスレベルなど日本企業ならではのきめ細かなサービスを日本語で行うことが求められていた．これに応えられることが日系物流企業にとっては競争力の最大の源であったものの，荷主企業が現地に定着し発展するようになったのちは，「価格」での優位性を求められるようになり苦戦している（みずほ銀行産業調査部 2015；高橋・若菜 2016；国土交通省物流審議官 2015）．

2 3PL

3PL（Third party logistics）とは，荷主企業と運送業者を介在する第三の事業者が，物流サービス水準の向上や物流コストの削減を目的として物流業務を一括して受託する物流サービスを指す．Third Party とは，荷主でなく運送業者でもない，両者に介在する「第三者」を意味する．3PL 事業を受託する物流業者のことを 3PL プロバイダーと呼ぶ．

もともと交通部門の規制緩和を先行させていた米国において，1980 年代後半トラック運送業やフォワーダー部門の規制緩和を受け，フォワーダーやブローカーが従来の輸送や保管以外の物流業務を開始し，荷主企業の物流を担うようになったことが 3PL の始まりとされている（齊藤 2016）．その後，運送業者や倉庫業者なども同様のサービスを提供するようになって現在に至っている．

日本でも，もともとはトラック運送業，利用運送業，倉庫業，メーカーの物流子会社などに分かれて物流サービスが提供されてきた．そのうえで，荷主企業の物流アウトソーシングのニーズが顕在化するのに合わせ，サービス範囲を拡大させた．

例えば，3PL 事業で国内最大規模の日立物流はメーカー子会社であった[5]．日本アクセスも同様である．センコーグループホールディングスや日本物流は運輸・倉庫系の企業である．郵船ロジスティクスは日本郵船の子会社であり，近鉄エクスプレスのようなフォワーダーや三井物産グローバルロジスティクスや三菱商事ロジスティクスのような商社系企業も参入している．トラック運送業者については，規制緩和後の競争激化に対応して，事業展開を差異化する1つの具体的形態として，3PL 事業を展開する事業者が増えたとの指摘もある（齊藤 2016）．

（1）物流機能をだれが提供するか

企業が輸送，保管，荷役，包装，流通加工，情報の物流活動をだれに行ってもらうかの選択肢には，① すべてを自社で賄う（自社物流），② 一部を外部委託する，③ 物流システムすべてを一括して委託するものが挙げられる．①の有名な例としては自社で配送を行う山崎製パン[6]（図 5-3）やヨドバシエクストリームが挙げられる．これら企業の場合は工場や店舗が物流センターを一部代替している．②で挙げている，物流活動の一部を外部委託するケースでは，物流機能を分割して他の業者に委託するものが中心であった．例えばトラック輸送や保管を物流業者へ委託するものや物流センターの運営を外部委託するものが多くみられてきた（齊藤 2016）．

③に挙げるすべての物流システムを一括して委託する動きは物流サービスに関するアウトソーシングを完全に推し進めた形態である．3PL では物流センターそのものを 3PL プロバイダーが提供し，保管，ピッキング，仕分け，荷役

図 5-3　山崎製パンの配達風景

出所：山崎製パン HP.

や流通加工などセンター内の作業も彼らが担当する．彼らは顧客の注文に応じて揃えた貨物を，顧客にトラックを使って配送する．さらに，物流システムの運営と管理も3PLプロバイダーが行っている．顧客からの注文を受け，物流センターへ出荷情報を指示する情報システムの導入と管理も行うことで，情報機能も一手に担って作業効率を高めている．

（2）アセット型とノンアセット型

3PLプロバイダーには，自社でトラックや倉庫など輸送手段や物流拠点を保有しているアセット型の事業者（プロバイダー）と，これらを持たずに必要に応じて外部の物流業者に委託するノンアセット型の事業者が存在する．アセット型3PLプロバイダーは，トラック運送業者や倉庫業者から事業に参入した企業が典型である．もともと保有していた輸送能力や保管能力を活用して，荷主企業にサービスを提供する．

これに対して，ノンアセット型3PLプロバイダーの典型として商社系事業者のほか，日本では船井総研ロジなどの企業を挙げることができる．ノンアセット型は自社の能力にとらわれずに，荷主企業の物流システムの必要に応じて最適な輸送や保管能力を外部から自由に調達できる．このためノンアセット型は弾力的に荷主企業の物流システムの効率化を達成できると考えられている．

アセット型の3PLプロバイダーでも自らのアセットの利用にこだわらず，顧客たる荷主の立場に立ってほかのサービスを使うケースがある．例えば，海運会社系の物流会社が3PLサービスを提供する場合でも，荷主のためになると判断すれば系列外の海運会社を起用することは珍しくない[7)]．

（3）3PLの市場規模とM＆A

ニーズの存在を背景に，3PL事業の市場規模は年々拡大傾向にある（図5-4）．2005年時点では約1兆円の売上高であった．2010年以降は毎年4-5%，多い時は10%を超える成長を実現し，2020年度には約3.3兆円まで成長した．2020年度の日系企業売上高では上位10社合計で2.1兆円，上位20社合計で2.8兆円となっており，比較的上位にシェアが集中している業界である（ライノス・パブリケーション 2021）．

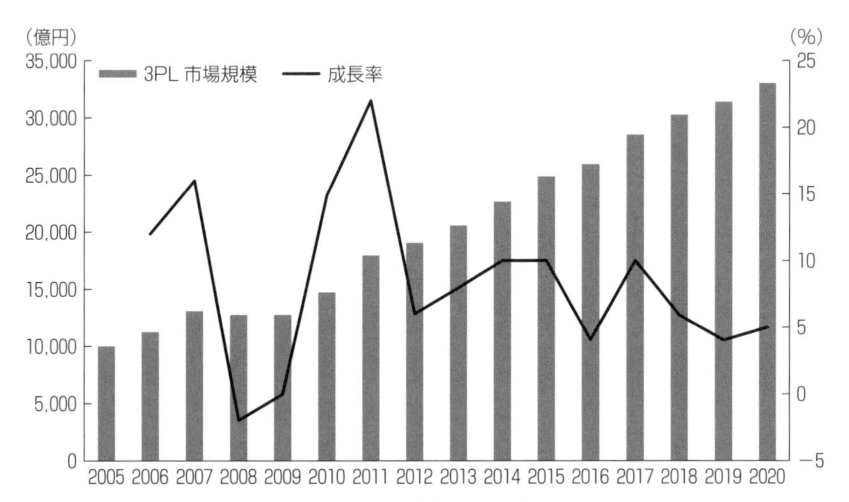

図 5-4　3PL 事業の市場規模

出所：ライノス・パブリケーション（2021）.

日立物流は 2020 年度の IR セミナー向け資料で日本における物流コストが 65 兆円，そのうち約 40 兆円が自社物流の市場規模であると紹介しており，この一部が潜在的に 3PL の顧客になりうると説明している[8)].

また，3PL プロバイダーの間では同業者間のＭ＆Ａが積極的に遂行されている．Ｍ＆Ａは短期間で事業を拡大するには有効な方法であり，親会社からの物流業務受注や業界ノウハウの獲得を狙って，とくに物流子会社を買収するケースが多くみられている（表 5-2 参照）.

Ｍ＆Ａの手法も新しいものが用いられるようになっている．例えば，SBS ホールディングスは日本政策投資銀行との共同出資で，2020 年に後継者不足に直面する地方の中堅・中小の運送・倉庫会社を主な投資先とする「日本物流未来投資ファンド」を設立した．投資先企業に営業網拡充や収支・財務の改善，法令順守に向けた体制整備などをサポートし，会計制度の標準化などグループに連結化できる準備を進めつつ，2-3 年後を目途に投資先企業の株式を買い取って子会社化することも想定している．こうしたスキームを活用した方法も含め，今後もＭ＆Ａによる業務拡大は継続すると考えられる（吉田 2022）.

表 5-2　3PL 事業者による物流子会社のM＆A事例

年次	3PL 事業者	買収先	親会社
2009 年	日立物流	オリエントロジ	内田洋行
2010 年	ハマキョウレックス	JAL ロジスティクス	JAL
2011 年	日立物流	DIC ロジスティクス	DIC
2011 年	日立物流	ダイレックス	ホーマック
2011 年	三井倉庫	三洋電機ロジスティクス	三洋電機
2012 年	三井倉庫	TSA エクスプレス	トヨタ
2013 年	日本通運	NEC ロジスティクス	日本電気
2014 年	日本通運	パナソニックロジスティクス	パナソニック
2014 年	日本トラスティ	JSR 物流	JSR
2014 年	センコー	岩谷物流	岩谷
2015 年	三井倉庫ホールディングス	ソニーサプライチェーンソリューションズ	ソニー
2015 年	丸全昭和運輸	日本電産ロジスティクス	日本電産
2015 年	丸紅ロジスティクス	アシックス物流	アシックス
2016 年	センコー	アクロストランスポート	オンワードホールディングス
2018 年	SBS ホールディングス	リコーロジスティクス	リコー
2020 年	SBS ホールディングス	東芝ロジスティクス	東芝
2021 年	SBS ホールディングス	東洋運輸倉庫	SMC
2021 年	SBS ホールディングス	古河物流	古河電工

出所：吉田（2022）.

演習問題

1．世界だけでなく，日本でもフォワーダーの活動をデジタル化しようとする動きがみられています．デジタルフォワーダーの中で代表的企業である FLEXPORT や Shippio について通常のフォワーダーとの違いについて調べなさい．
2．3PL 事業にはコンサルティング能力が重要だと言われています．3PL プロバイダーに求められる能力のうち，コンサルティング会社とは異なるものについて調べなさい．
3．3PL 事業とフルフィルメントサービスの違いについて調べなさい．

注

1）定期航路での輸送（例えばコンテナ輸送事業）を行う外航海運業者や内航海運業者，航空貨物会社は，不特定多数の荷主を対象として輸送を行うことから，コモンキャリア（Common Carrier）とも呼ばれる．これに対し，特定荷主との間で用船契約（Charter）やチャーターなどにより運送を行う用船者を私的運送人（Private Carrier）と呼ぶ．また，特定荷主の海上輸送部門のことをインダストリアルキャリア，と称することがある．内航海運では，運航を行うオペレーターが荷主の子会社であったり，固定的な関係にあることが多く，インダストリアルキャリアとしての役割を果たしている部分が大きい（日本海運振興会 2004）．

2）一部の実務者はフォワーダーのことを乙仲（おつなか）と呼ぶことがある．1947 年に廃止された海運組合法で定期船貨物の取り次ぎを行う仲介業者を「乙種海運仲立業」と定めていたことの名残である．ほかにもブローカーと呼ばれる業種があり，ばら積み貨物などで彼らは自分たちの名前で輸送契約の取次を行う．しかしながら運送契約の当事者にならないため，荷主に対して運送人としての責任は負うことはない．また，ブローカーは貨物の仲介のほかに，船舶や用船の仲介を行う．

3）物流二法と鉄道事業法を合わせて物流三法と呼ぶ．

4）1984 年米国海運法によって，NVOCC が定義された．NVOCC は船社と同等のコモンキャリアとして認められることになり，多くのフォワーダーが NVOCC 事業に進出した．2005 年には，船社と NVOCC との間で，非公開のサービスコントラクト（SC）を締結することが認められた．（林 2021）．

5）2022 年 4 月 28 日，日立物流の親会社である日立製作所は保有株式を米投資ファンドの KKR（Kohlberg Kravis Roberts）に売却し，保有比率を 10％まで下げることを発表した．KKR は日立製作所からの購入分のほか，TOB（株式公開買い付け）などを通じて日立物流株を取得し，株式の 9 割を保有する予定となっている．

6）**図 5-3** のトラックを見ると，白ナンバーとなっている．山崎製パンは自社輸送のため，通常の運送業者が使う営業用緑ナンバーではなく，白ナンバーのトラックを使用している．

7）これは海運会社系のフォワーダーでも同様である．

8）日立物流の個人投資家向け IR セミナー資料（https://www.hitachi-transportsystem.com/jp/ir/pdf/20210304.pdf　2022/ 5 /31 閲覧）．

第6章

調　達

1 調達について

（1）調達とは

調達とは，要求を特定し，調達先を特定し，選択肢を評価し，調達目的に適った，費用対効果の高い，持続可能な資源を獲得することである．

① 調達（Procurement）と購買（Purchasing）の違い

調達と購買の違いについて，次のように定義する．購買は発注のコストに焦点を当てるが，調達は価値の創造と総所有コスト（TCO：Total Cost of Ownership）に焦点を当てる．購買が発注のコストを最小限に抑えることを目的としているのに対し，調達はリスクの軽減，契約の遵守，コスト削減，継続的なサプライヤーとの関係なども目的としている．

まずは購買について解説する．

② 購買と SCM

購買は，機能的な活動（商品やサービスの購入）であると同時に，機能的なグループ（組織図上の正式な存在）でもある．購買グループは，組織に最大限の価値を提供するために，多くの活動を行う．例えば，サプライヤーの識別と選択，購買，交渉と契約，供給市場調査，サプライヤーの測定と改善，購買システムの開発などである．購買は，「5つの適切」，すなわち，適切な品質を，適切な量を，適切な時期に，適切な価格で，適切な供給元から得ることと言える．

Apple 社の成功事例

適切な SC 活動を行うことで成功した事例が多数ある．2000 年代，Apple 社は，iPod，iPod Nano，iPhone といった革新的な新製品によって，素晴らしいカムバックを果たした．同社は，2 年間で 16 億ドルの赤字を出した状態から，再び「ウォール街の寵児」となるべく，自ら SC を再構築した．具体的に，製品ラインをほぼ半分に減らし，売上予測を月次ではなく週次で行い，生産を日々調整し，標準部品やコンポネントの在庫管理はサプライヤーに依存した．さらに Apple 社は，JIT 配送を追求し，自社施設の近くで部品を製造するサプライヤーと提携することにした．こうして直送流通網を構築し，完成品の流通経路を簡素化した．Apple 社は製品需要，在庫投資，チャネル販売，購買などの SC 活動に注力することにより，巨額の赤字から脱出し，成功に導いた．

（2）SCM における購買の歴史

第 1 期：初期の頃（1850-1900）

購入活動に関する最初の記載は，1832 年に出版されたバベッジの機械と製造業者の経済に関する本に遡る（Babbage 1968）．著者バベッジは，購買機能の重要性に言及していた．当時の繊維産業では，販売代理店が購入を担当することが多く，布の生産量，品質，仕様にも責任を負っていた．購入した綿のグレードが生産される布の品質を決定する要因であったため，販売代理店がすべての購入決定に責任を負った．顧客の注文は綿の発注書（PO：Purchasing Order）に変換され，それに基づき生産が計画された．1850 年代以降，アメリカの鉄道の成長に伴い，購買に対する関心と発展が高まった．この時期の鉄道は，発展途上の東部および中西部の市場から発展途上の南部および西部の市場に商品を移動することを可能にした．1866 年までに，ペンシルバニア鉄道は，購買は部門として機能した．鉄道産業の成長は，購買開発の初期を支配していた．この時期の主な貢献は，購買プロセスの早期認識と会社全体の収益性への貢献であった．1800 年代後半は，専門知識を必要とする独立した企業機能として購買を組織化することが始まった．これまで，この分離は存在しなかった．

第 2 期：購買の基礎の成長（1900-1939）

購買の進化の第 2 期は，20 世紀初頭から第 2 次世界大戦の始まりまで続いた．鉄道の業界誌以外でも，工業購買機能に特化した記事が定期的に掲載されるようになった．特に技術系の雑誌では，有能な購買担当者の必要性や材料仕様の作成に注目が集まった．

この時期の購買の中心は，原材料の調達と完成品・半完成品の購入であった．第 1 次世界大戦から 1945 年までは，少なくとも，健全な調達が企業経営に重要であるという認識が，ばらつきはあるにせよ，徐々に芽生えてきた（Monczka et al. 2009）．

第 3 期：戦争時代（1940 年〜1946 年）

第 2 次世界大戦は，購買の歴史に新しい時代をもたらした．戦争中に必要な，そして希少な資材の入手が重視されたことが，購買への関心の高まりに影響した．購買に関するコースを設けていた大学の数は 10 年の間 5 倍に増加した（Monczka et al. 2009）．この時期では，購買担当者が供給元を決定する役割を，社内の他の部門が認識していることを示唆している．

第 4 期：静かな時代（1947 年〜1960 年代中頃）

第 2 次世界大戦中の購買意識の高まりは，戦後には引き継がれなかった．この時期の購買は，ほとんどの組織で無視された機能であり，それは主要な問題にとって重要でないからである．

この時期から，購買の意思決定のためのデータの収集，分析，発表などの活用が出始めた．フォード社は，短期および長期の商品情報を提供する商品調査部門を設立した最初の民間企業の 1 つであり，バイヤーに商品と価格の分析を支援するための購買分析部門を設立した．

戦後は，1947 年に GE が先駆けた価値分析（VA：Value Analysis）の手法が発展した．戦後から 1960 年代にかけては，消費者の需要と成長する産業市場のニーズを満たすことに重点が置かれていた．このような状況は，歴史的に購買の重要性を低下させるものであった．通常であれば購買の重要性が高まるはずの要素が，この購買の歴史上の静かな時代にはなかった．

第5期：マテリアルマネジメントの登場（1960年代半ば～1970年代後半）

1960年代半ばになると，マテリアルマネジメントの概念が飛躍的に発展した．1970年代には，石油の「不足」と「禁輸」に関連した資材の問題を経験した．マテリアルマネジメントの全体的な目的は，個々の機能や活動の視点ではなく，トータルなシステムの視点からマテリアルの問題を解決することであった．資材の傘下に入る可能性のある様々な機能とは，資材の計画・管理，在庫の計画・管理，調達研究，受入，受入品質管理，店舗，資材移動，余剰資材の破棄などである．

この時期の購買においては，買い手はサプライヤーと対等な関係を維持した．価格競争が供給契約を決定する主要な要因であった．研究者は，購買担当役員は，購買以外の意思決定にも参加すべきであり，購買が重要な意思決定における組織のコンセンサスの一部でない場合，組織全体が損失を被ることになると主張した．

第6期：グローバル時代（1970年代後半～1999年）

グローバル時代は，購買の重要性，構造，行動において，これまでの他の時代と異なっている．産業史の中で，これほど急速に競争が激化したことはない．グローバル企業は，ますます世界的な市場シェアを獲得し，米国企業とは異なる戦略，組織構造，経営手法を重視するようになった．この時期の技術革新の広がりと速さは前例のないものであり，製品のライフサイクルはより短くなった．また，国際的なデータネットワークやイントラネット（WWW：World Wide Web）を利用して，グローバルの購買活動を調整する能力も出現していた．

この激しい競争の中で，SCMが発展していった．この時期，企業はこれまで以上に，サプライヤーから最終顧客までの商品，サービス，資金，情報の流れを管理するという，より協調的な視点を持つようになった．経営者は，SCMがコスト削減やその他の業務改善の方法と考えるようになった．

第7期：統合SCM（2000年以降）

今日の購買・SCMでは，サプライヤーの重要性がますます強調されている．サプライヤーとの関係は，敵対的なアプローチから，選ばれたサプライヤーとのより協力的なアプローチへと変化している．21世紀の購買については，以下のようにまとめることができる．第1に，世界的な競争，急速に変化する技術や顧客の期待に対応するために，新興のグローバル経済における購買の役割の再構築が進行している．第2に，世界的な競争と急速な変化を特徴とする産業で競争する企業にとって，購買機能の全体的な重要性が高まっている．第3に，購買は顧客要求，オペレーション，物流，人事，財務，会計，マーケティング，情報システムとの統合をさらに進めていくことが求められている．

現代の購買は，単純なコスト管理ではなく，リスクの軽減，契約の遵守，継続的なサプライヤーとの関係なども重視しているため，購買より調達と呼ぶのが相応しいのである．

2 調達サイクル

戦略的・戦術的活動としての調達は，多くの組織や企業にとってますます重要性を増している．この背景には，供給問題の複雑化と，多くのSCが製品やサービスの調達先としてグローバル化しているという事実がある．また，調達は，どのように，なぜ，誰とお金を使うのかを明確に把握し，法律や規制，組織が目指す価値や目標に沿った形でそれが行われるよう，管理プロセスやコントロールを整備するという意味で，企業が直面するガバナンスの問題に対応するため，より重要性を増してきている．では，調達のサイクルについて解説する．

調達は，プロセスまたはライフサイクルとして考える必要がある．このプロセスは，様々な契約が満了，満期または更新されることで，ビジネス内で繰り返される．調達のサイクルは基本的に4つの段階で考えることができる．

各段階において，注意すべき点は以下のようにまとめられる．

① 定義段階

- 技術的，商業的，およびエンドユーザーの観点から要件を定義する
- 調達企業はサプライヤーよりも市場を理解するように努める
- 不明確または曖昧な仕様を避ける

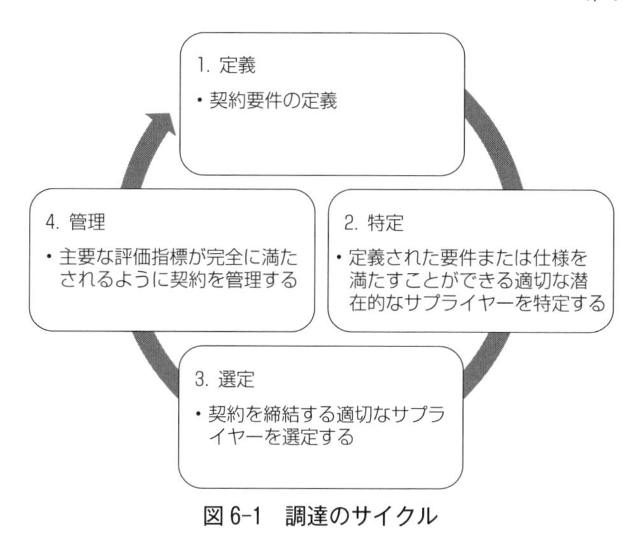

図6-1　調達のサイクル

② 特定段階

- 契約機会の広告・宣伝
- 調達するリスクと価値を反映した適切な競争レベルの決定
- 既存サプライヤーに比べ，より高い付加価値を提供できる可能性のある新規サプライヤーを開拓・誘致する
- 定義した要件を提供する能力と容量を持つサプライヤーを選択する

③ 選定段階

- 品質と価格に関する評価基準に照らす
- 品質と価格のバランスを取る
- 契約を履行するのに十分な能力・容量を有するサプライヤーの中から勝者を選ぶ

④ 管理段階

- 契約要件が満たされていることを確認するための成功基準または重要業績評価指標（KPI：Key Performance Indicator）が必要である
- 成功や失敗した経験から得た教訓は，後続の契約に適用する

3 戦略的に調達するには

(1) 戦略的活動としての調達

購買は伝統的な調達の考え方であり，単純な支出管理である．これはあるレベルでは重要なことであるが，調達のすべてではない．例えば，製造業では，売上高の70%以上を商品とサービスに費やすことがある．サービス業では，売上高に占める割合は相対的に低いが，自社のサービスを提供するために必要な物品・サービスを取得する際のリスクによりさらされる可能性がある．このような状況では，外部リソースを調達する際に，価値とリスクの両方を確実に管理することが賢明と言える．また，調達がもたらす財務的な貢献についても理解しておくことが重要である．10%の調達コスト削減は，他の活動（例えば，10%の売上向上など）と比較して，利益に直結する．利益率の議論は，なぜ調達が重要なのかについて，古い考え方ではあるが，有効なものである．現代の調達は，企業の社会的責任，ガバナンス，環境問題など，企業が属するより広いSCやエコシステムの一部として，組織が取り組むべきより広い課題の多くも含んでいる．

調達は，買い手と売り手の動機の観点から考える必要がある．調達における顧客の動機とインセンティブは，供給者の視点とは異なる．買い手は，最安値が欲しい，バイヤーの力を持ちたい，最高のサービスを求める，リスクを抑えたいなど動機を持つ．対して，売り手は，最高値が欲しい，サプライヤーの力を持ちたい，責任を抑えたいなどの動機を持っている．買い手と売り手の異なる動機は，スペクトルの対極にある両極端と考えることができる．この買い手と売り手の間の緊張関係は，顧客と供給者の両方を最も満足させることができる望ましい結果を達成するという点で，競争の本質をなすものである．

現代の調達は，伝統的にたった1つのパラメータであったコストよりも，ほかの重要なパラメータを含む幅広い基準を反映している．これには，例えば，持続可能性，公共部門では社会問題や環境問題も当然のように含まれている．

（2）調達戦略の要件

明確に定義された要件に対する調達戦略には，最低限以下の内容が含まれることが必要である．

① 検討する支出のレベル（金額）
② リスク
③ 単発調達か定期的な調達か
④ 市場の成熟度
⑤ 市場の技術ライフサイクル
⑥ 調達先と潜在的な供給者の数
⑦ 契約期間
⑧ 性能向上とコスト削減の可能性

（3）調達と市場

どのような企業や組織にとっても，実際にどの程度の経費がかかっているかを把握することは重要な課題である．これに対する答えは，意外にも多くの場合，見かけほど明白ではなく，また容易に入手できるものでもない．複雑な組織や多国籍企業は，世界各地の様々な場所で事業を展開し，同じ事業の様々な部分と現地で働く様々なサプライヤーを抱えている．

調達の理論と戦略は，企業や組織が市場と持つ関係性に根ざしている．これは，需要と供給，そして企業が市場においていかに有利な条件で資産や資源を確保するかという点での基本的な問題である．一部の品目は商品市場に沿っているため，価格が市場でどのように影響され，どのような動きをするのかを理解することは容易である．しかし，多くの品目は商品価格に依存せず，例えば知的財産関連内容など，他のコストドライバーを持ち，価格や価値を決定するための異なる根拠となる．このような状況では，その品目に対してどのような調達戦略が最も適切であるかを検討することが重要である．

企業の調達・購買活動におけるサプライヤーとの交渉・選定プロセスはソーシング（Sourcing）と言う．

（4）ソーシング戦略

ソーシングにおいて，まず調達予定の製品・サービスの仕様や取引条件などの購買条件を社内で検討し，サプライヤーの業界調査を行う．その上で，業界調査結果に基づいたサプライヤーの選定・契約交渉を行い，最適な契約条件の獲得を目指す．

ソーシング戦略は，あるカテゴリーの支出を検討するための基礎となるもので，そのカテゴリーの特徴を定義し，組織がそのカテゴリー内のアイテムをどのように，時にはいつ調達すべきかを市場が決定し，最良の取引と継続的な供給を確保するものである．多くの組織にとっての戦略的購買には，5～10年先を見据えた契約が含まれるかもしれない．中小企業は，幅広い要求事項を持っているかもしれないが，地域市場の1つの地域から調達する場合が多い．一方，多国籍の大企業が，異なる場所，国，大陸にまたがって同じ要件を満たす場合，同じような問題が発生する可能性がある．これは，組織化し，管理する上で，より複雑でダイナミックなタスクとなる．調達戦略は，どのような組織にとっても，地元地域，全国，あるいはグローバルな規模でどのように供給を確保し，市場やサプライヤーとやり取りしていくかを考える最初のステップとなる．

（5）価値とリスクの管理

組織にとっての主な調達リスクの1つは，供給の継続性を確保することである．リスクアセスメントでは通常「サプライヤーの工場が火事になったらどうするか」と，念頭に置いて対策する必要がある．これは現実によくあることと言える．一例として，デルとヒューレット・パッカードは，2008年に韓国のLG Chemの工場で発生した火災の影響を受けた．この工場は，両社にとってノートパソコン用バッテリーの主な供給元であった．この火災により，LG Chemの生産量は50％減少し，PCメーカーなどに供給されるバッテリーは不足するか，供給されなくなった．そして，品不足は3カ月間続いた．一部のメーカーは，ソニーやパナソニックなど，代替・競合する電池供給元を探すことになった．

Column

コロナウイルス感染症拡大が引き起こしたSCの混乱

2020年始め頃から発生した新型コロナウイルスの感染拡大に伴って渡航制限の導入や国境の封鎖が行われたことにより，陸・海・空の物流に寸断が発生した．部品供給の供給不足やロックダウンの影響で大手企業が工場の稼働を停止した報道が相次いだ．人を介して感染拡大することを抑制するため渡航制限や外出制限等といった措置が伴うことで，生産活動や物流の停滞が生じた．

保険会社EY[1)]の報告書により，同社のアンケート調査に回答した企業のうち，パンデミックへの備えが万全であったと答えたのはわずか2％程度，57％が深刻な混乱に陥り，72％が（そのうち17％が大きな）マイナスの影響を受けたと回答した．

国際的な影響の例を，**表6-1**にまとめる．

表6-1 コロナ禍がサプライチェーンに与えた影響（製造業）

減産	売上の減少	SCの停滞	資金繰りの悪化
•自動車製造が80%減産（中国） •60%以上の企業が中国からの注文の遅延を経験（米国） •自動車製造が26.4%減産（韓国）	•自動車販売が79%減少（中国） •半数以上の企業が売上減少を報告（カナダ） •40%の中小企業は販売活動停滞を報告（韓国） •自動車販売が10.3%減少（日本）	•75%の企業がサプライチェーンの停滞を報告（米国） •自動車産業において50%の中小企業が配送の混乱を報告（韓国） •貨物便料金が300%の値上がり（米国）	•3分の1の中小企業は保有している現金が1カ月分に留まる事を報告（中国） •69%の中小企業が資金繰り悪化を報告（英国） •80%の事業者が資金繰り悪化を報告（インド）

出所：Policy Links, IfM Education and Consultancy Services（IfM ECS），2020.

サプライヤーの価値とリスク管理には，クラジクマトリクスと呼ばれる便利なツールがある．ピーター・クラジク（Kraljic 1985）にちなんで名付けられたクラジクマトリクスは，当初は購買品目のマッピングに使用されていた（図6-2）．

戦略的品目：経済的なインパクトと，供給市場が複雑かつリスクの高いの2

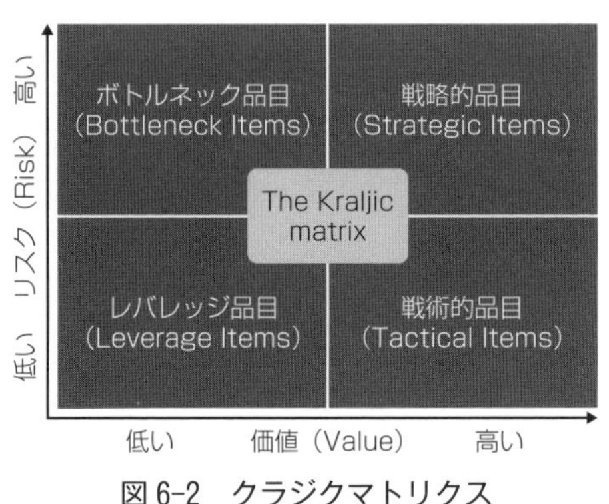

図 6-2　クラジクマトリクス

つの側面から，企業にとって重要な品目．この分野では，市場の経済状況，技術の進化，製造するか購買するかの評価，代替案の作成，サプライヤーとの安定した関係の構築と最大限の協力を継続的に監視することにより，中期的な視点から確保する．

戦術的品目：企業への影響が少なく，大量に，あるいは低リスクの市場に存在する部品（例：オフィス文具など）．このような品目については，購買を現場のマネージャーに委任する，カタログを利用するなどして，調達プロセスの効率を最大化し，管理負担を軽減することを目標とする．

レバレッジ品目：会社にとって重要な部品だが，供給が豊富でリスクの低い市場から調達するもの．その名の通り，この購買カテゴリーを最適に管理することが，満足のいくビジネス成果を得るために不可欠である．このタイプの部品は，頻繁に交渉を行い，交渉力と豊富な供給量を最大限に活用する傾向がある．

ボトルネック品目：経済的にはビジネスへの影響が少ないが，供給継続のリスクがある部品．この部品の管理は，コストを重視せず，供給を保証するために，顧客とサプライヤーが中長期的に協力する関係を作ることを目指すべきである．

このマトリクスは，サプライヤーの異なるカテゴリーを区別するために同様にうまく機能する．事業や組織における相対的価値と調達リスクの問題を理解し，定量化するためのシンプルかつ強力なツールである．企業は供給者を，供

表6-2 調達ポートフォリオの管理

リスク	価値	カテゴリー	戦略
高い	高い	戦略的	戦略的に働き，協力し合う．高リスク，高価値とは，通常，撤退コストの高いサプライヤーとの依存関係が高いことを意味する．戦略的な調達と管理する必要がある．
高い	低い	ボトルネック	慎重に管理する必要がある．ボトルネックは技術的なものかもしれないし，商業的なものかもしれないが，リスクを減らすために，バイヤーはボトルネックをポートフォリオから除外するか，サプライヤーと適切な関係を維持するようにしなければならない．
低い	高い	戦術的	最も適切な調達先から金額に見合う価値を達成するために必要な戦術的な調達．調達先を増やし，サプライヤー間の競争を維持する．
低い	低い	レバレッジ	支出を集約し，一元化する．供給元が供給の継続性より，価格次第で仕入れる．

給市場の複雑さやリスク（例：独占状況，参入障壁，技術革新など）と供給者の重要性（企業の収益性に与える影響）に基づき，4つのクラスに分類する手法である．この細分化により，4種類の購入先または供給先のそれぞれについて，最適な購買戦略を定義することができる．

クラジクマトリクスから，パレートの法則が企業の調達にも適用されることが分かる．パレートの法則は，イタリアの経済学者ヴィルフレド・パレードが発見した法則である．「全体の数値の8割は，全体を構成する要素のうちの2割の要素が生み出している」という経験則である．つまり，調達ポートフォリオの管理においては，80%の支出は20%のサプライヤーと取引されるため，その20%のサプライヤーの重要性やリスクが残りの80%のサプライヤーと異なる．

（6）テクノロジーの役割

調達システムは，財務管理システムや買掛金管理システムに付加される初期のパッケージから，調達から契約管理までの調達ライフサイクルを反映したものへと劇的に発展してきた．SAPやオラクル6などの大規模なERP（Enterprise Resource Planning）システムが企業市場を席巻しており，様々な場所で複数の活動を行う複雑な組織をサポートしている．また，ERPシステムと統合できるパッケージソフトウェアや，調達，入札，調達，契約管理への統合的なアプローチを提供する様々なモジュールも数多く存在している．

現在，パッケージはウェブベースまたはクラウドベースになっており，企業内や異なる拠点間での情報共有だけでなく，電子ポータルやカタログ管理システムを使って契約機会に関する情報を提供し，サプライヤーの製品を調達するためのアクセス，権限，予算を持つすべてのユーザーがオンラインで利用できるようにすることも可能になっている．これには入札管理ソフトウェアも含まれ，これにより入札をオンラインで提出することができ，安全な配送メカニズムや期限などの所定のプロセスパラメータを確保することができる．これにより，プロセスが合理化され，従来の調達に関連する多くの管理業務が不要になる．物流のテクノロジーについては，本書第12章で取り上げる．

 Column

シェア・オブ・ウォレット（SoW：Share of Wallet）とマーケットシェア（Market Share）

シェア・オブ・ウォレットとは，ウォレット（財布）シェアともいう，既知のブランド・店舗・企業などによって占められている特定のカテゴリーにおける顧客の消費割合のことである．企業は，複数の製品やサービスを導入することで，既存顧客の財布のシェアを最大化し，各顧客からできるだけ多くの収益を上げようとする．顧客の財布のシェアを拡大することで，収益の増加，顧客維持率の向上，顧客満足度，ブランドに対して忠誠心（Loyalty：ロイヤリティー）などの利益を得ることができる．

ウォレットシェアの向上は，市場全体のシェアを拡大するよりも，より低コストで効率的であり，その結果，より収益性の高い収益拡大策となり得る．ここで重要なのは，ウォレットシェアとマーケットシェアは異なる概念であるということである．

マーケットシェアとは，ある企業のカテゴリーまたは特定の地域における総売上高に占める割合のことである．例えば，ある物流会社の経営陣が新規の顧客を増やしたいと考えた場合，既存の市場を分析し，その地域にどれだけの企業があるのかを把握することになる．そこから経営陣は，その地域の全顧客のうち，何パーセントが自社と取引をしているかを判断することができる．例えば，顧客数が1000社で，その地域に1万社の企業があれば，物流会社の市場シェアはその地域の10%となる．市場シェアを計算することで，企業はその地域におけるビジネスチャンスの大きさを判断することができる．同じ分析を，特定の製品やサービスにも適用することができる．

マーケットシェアとウォレットシェアは，どちらも顧客からの収益を伸ばすことに重点を置いている．しかし，市場シェアの拡大は，競合他社から新規顧客を獲得することに重点を置いている．一方，ウォレットシェアは，使用している製品の数を増やすことによって，既存の顧客からの収益を増やすことに重点を置いている．

2022年4月に，船会社であるマースク[2)]は，新たな航空貨物事業としてマースクエアカーゴを立ち上げた．従来海運サービスを中心に事業を展開していたが，近年フォーワーダー業務や航空貨物の取り扱いも開始した．マースクは既存の顧客の支出（ウォレットシェア）を増やしただけでなく，新規顧客も獲得したのである．今後，フォーワーダー会社や航空会社は補完的なサービス内容を提供することで，自社の顧客を呼び戻そうとするかもしれない．

（7）おわりに

調達や契約管理において個人と組織の間の相互作用が重要な要素である．企業が単独で活動するという考え方は時代遅れである．現在では，製品やサービスの提供に複数のパートナーがエコシステムの一部として関与し，相互発展(SoW：Share of Wallet）が重要視されている．

調達は，マーケットやサプライヤーとの接点を提供する，企業にとっては不可欠な存在である．将来のSC，そのパフォーマンス，そして社会や環境に与える影響を定義し，管理する上で重要な役割を担っている．日進月歩の技術進歩や，日々変化するグローバル環境に置かれている調達担当者が対処しなければならない問題が幅広くある．調達の重要性を認識し，最適な調達に注力する企業や組織は，より持続可能で収益性の高い企業を構築することができるだろう．

演習問題

1．購買の SCM における 7 つの時代について，それぞれ簡単に説明しなさい．
2．あなたは SCM の将来をどのように予測していますか？
3．調達の専門家になるために必要な知識やスキル例を挙げなさい．

注

1）https://www.ey.com/en_gl/supply-chain/how-covid-19-impacted-supply-chains-and-what-comes-next（2022/ 5 /30 閲覧）.
2）https://www.maersk.com/news/articles/2022/04/08/maersk-launches-air-cargo-to-strengthen-the-company-global-air-cargo-offerings（2022/ 5 /30 閲覧）.

第7章

在庫管理

1 在庫管理の原則

在庫（Inventory）とは，企業が加工や販売を目的として一時的に保有している商品，製品および仕掛品のことを指す．在庫保有の目的は，注文を受けた際に製品の生産や到着を待たずに納品する体制を整備することにある．会計上，在庫は資産として計上され，在庫を持つことは投資に分類される．しかし，在庫を調達，維持するためには費用がかかる．

過小在庫が発生すると，販売機会を逃がして売り上げを減らす機会損失が生まれる．在庫を適正に管理し，納品を円滑に行うことで，過小在庫を原因とした機会損失を防止することが在庫管理の目的の１つである．

一方で在庫が過剰になると，当該商品を購入するためにかかった費用に利子がつき[1]，倉庫を借りる賃料を余分に必要とする．これら費用を捻出するためには何らかの出費を伴う．

過剰在庫の問題点はほかにも，(i) 在庫品がスペースをふさいだり，余計な作業を発生させて物流センターや店舗の作業効率を悪化させる，(ii) 商品や部品によっては在庫期間が長期化することで商品が陳腐化したり品質が劣化する，(iii) 在庫処分のための値下げや廃棄によって利益率を悪化させる，といったものが挙げられる．さらに (iv) 大量在庫を前提にすることで需要予測が過大になり，予測精度が低下する問題点も指摘されている（齊藤・矢野・林 2020）．

在庫管理（Inventory Management）の原則は，在庫保有の目的を実現し，在庫にかかる費用損失を最小化すべく，可能な限り過小在庫と過剰在庫を防止することである．ただし，後述するように過剰在庫を持つよりも品切れを許したほうが経営上望ましいケースもあるため，すべての在庫切れを防止するものではない．

（1）売り上げや利益に応じた在庫管理

在庫管理のあり方は，商品の売り上げや利益の状況に応じて変化する．企業は何らかの形で商品を分類し，それぞれの特性にあわせて在庫を管理することが求められる．ここでは，売り上げシェアごとに品目を分類するパレート分析を用いたグループ分けの例を使って説明する．

パレート分析はABC分析とも呼ばれ，多くの種類の品目をA，B，Cのようにグループ化して，各グループの売り上げなどに対する重要度を確認する方法である．この方法で，業務上重要度の高いものから処理する，あるいは改善可能性の大きいものから手をつける優先順位付けや判断に役立てられる．

ある電気屋さんの商品別売上高が**表7-1**のように示されるとする．パレート分析を行うためには，まず商品を売上高の順に並べ替えて，売り上げの高いパソコンから累積売上高を計算する．パソコンの売上高（＝累積売上高）は2,045,514円である．次に売り上げの大きいスマートフォンの行の累積売上高はパソコンの売上高にスマートフォンの売上高を加えた2,045,514 + 1,565,702 = 3,611,216円となる．さらにエアコンの行ではエアコンの売上高を加えた3,611,216 + 805,524 = 4,416,740円になる．売上高の最も小さい電池まで足し続けると売上高の全品目合計が求まる．次にそれぞれの行で累積売上高を売上高の全品目合計で割り，シェア（累積シェア）を算出する．**表7-1**の例では，パソコンの累積シェアは33.6%，スマートフォンの累積シェアは59.3%である．

累積売上高を棒グラフで，累積シェアを折れ線グラフで示したのが**図7-1**である．この図はパレート図と呼ばれる．**表7-1**や**図7-1**から，この電気店ではパソコンとスマートフォンが売り上げの60%を占めていること，エアコン，テレビ，冷蔵庫の三品目はそれぞれ約10%の売り上げであること，掃除機より売り上げの低い品目は合わせて6.6%の売り上げしかないことがわかる．

表7-1　ある電気屋さんの商品別売上高（単位：円）

商品名	売上高	累積売上高	累積シェア
パソコン	2,045,514	2,045,514	33.6%
スマートフォン	1,565,702	3,611,216	59.3%
エアコン	805,524	4,416,740	72.5%
テレビ	748,378	5,165,118	84.8%
冷蔵庫	525,091	5,690,209	93.4%
掃除機	155,920	5,846,129	96.0%
ゲーム機	108,837	5,954,966	97.8%
扇風機	53,094	6,008,060	98.6%
ゲームソフト	71,459	6,079,519	99.8%
電池	11,702	6,091,221	100.0%
合計	6,091,221		

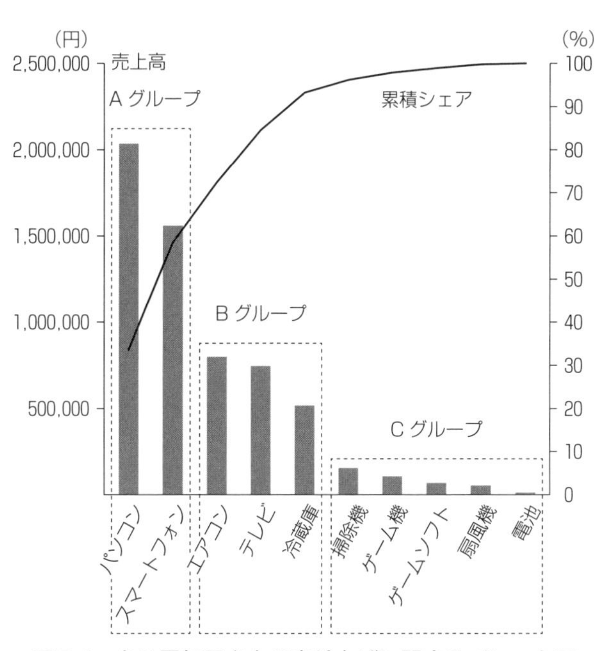

図7-1　ある電気屋さんの売り上げに関するパレート図

この結果を踏まえて，パソコンとスマートフォンは重要度の高いAグループに分類し，エアコン，テレビ，冷蔵庫はBグループ，残りの商品は比較的重要度の低いCグループに分類する．パレート分析での分類に定められた基準があるわけではない．そのため，実際に適用する際には実務上意味を持つ分類にな

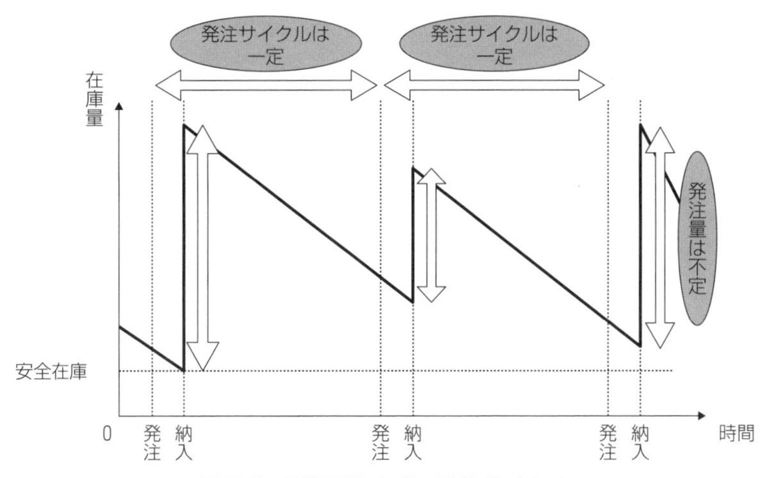

図 7-2　定期発注方式の発注サイクル

るよう配慮する必要がある．

Aグループに分類された品目は，売り上げへの貢献度が大きい品目であり，販売機会を逃すことで損失が大きくなる．そのため，欠品を避けるきめ細かい在庫管理が適切であり，販売店近くの物流センターや倉庫で在庫を保有して重点的な補充を行うことが望ましい．

Aグループの品目に使われる発注方式には，あらかじめ，発注する間隔（発注間隔），例えば週 1 回や月 1 回，を定めておく定期発注方式が用いられる．この方式では発注のたびに，現在の在庫量や需要量に応じて発注量を計算する（図 7-2 参照）．毎回需要予測を行わなければならないものの，きめ細かな在庫管理が可能になる利点がある．

例えば，パソコンの発注間隔を 10 日，納入にかかる日数（納入リードタイム）5 日，一日あたり平均販売台数を 10 台，需要変動に備えて最低限必要となる安全在庫が 20 台，現時点での在庫が 80 台，発注残はないとする．この時発注すべき量は何台だろうか．

発注に際しては，発注時点から次回発注で購買品が納入されるまでの期間の需要予測が必要になる．発注サイクルのイメージは図 7-3 の通りである．発注サイクル（10 日）+ 納入リードタイム（5 日）= 15 日分の予測として，1 日の平均販売台数に 15 をかけた 150 台が販売されると考える．安全在庫が 20 台であ

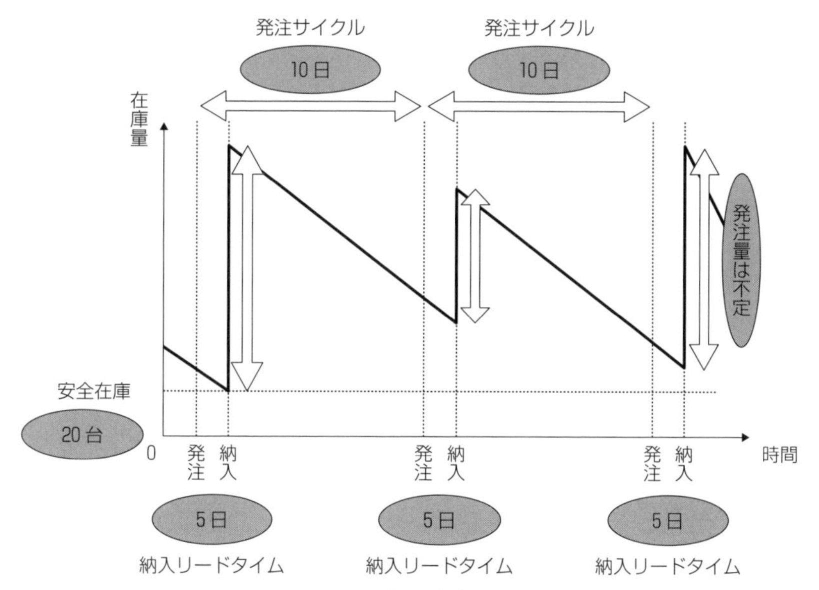

図 7-3　パソコンの定期発注方式の発注サイクル

るため，15 日間で 170 台そろえなければならない．発注時点では在庫が 80 台存在し，発注残も存在しない．実際に発注すべき量は必要量 − 在庫量 − 発注残であるため，今回の発注量は 170 − 80 − 0 = 90 台になる．

一方，C グループに分類された品目は，売り上げ面での貢献が小さい品目であり，在庫を集約して在庫コストを減らすことを主眼に置いて発注される[2)]．企業の中央倉庫や工場倉庫に在庫を集約しておくことが想定される．この場合は定量発注方式が採用される．発注から納品までのリードタイムは伸びてしまうものの，会社全体での在庫コストは圧縮される．

この方式は在庫量が前もって定めた水準（発注点）まで下がったとき，一定量（発注量）を発注する方式である．定量発注方式は発注量が一定のため，需要の変化や使用量に応じて発注間隔が変わる（図 7-4 参照）．二回目の発注以降は発注のたびに需要予測をしないため，在庫管理負担を比較的小さくできる．

表 7-1 の電池の納入リードタイムを 10 日，一日の平均販売個数を 50 個，安全在庫が 75 個，現時点での在庫が 300 個とし，発注残がないとする．在庫が何個になったら，何個発注すべきであろうか．

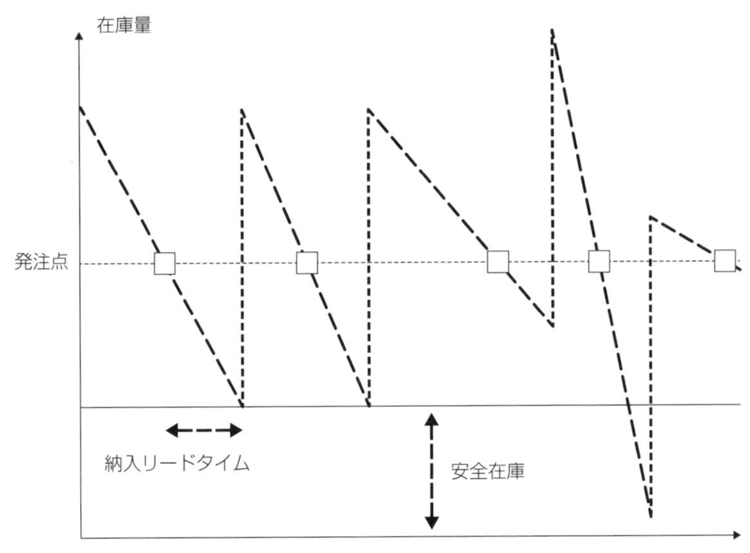

図 7-4　定期発注方式の発注サイクル

定期発注方式の発注サイクルのイメージは図 7-4 の通りである．納入リードタイム（10 日）= 10 日分の予測として，1 日の平均販売個数に 10 をかけた 500 個が販売されると考える．安全在庫が 75 個であるため，575 個の時点で発注を行うべき，ということになる．この 575 個のことを発注点と呼ぶ．図 7-4 では□で示されている．

定量発注方式での発注量は経済的発注量という値を用いる．経済的発注量は以下に示す（1）式の発注費用 $a\dfrac{D}{X}$ と在庫費用 $b\dfrac{X}{2}$ の合計額 $C(X)$ を最小にする．X が発注量である．

$$C(X) = a\frac{D}{X} + b\frac{X}{2} \qquad (1)$$

このうち $\dfrac{D}{X}$ は一定期間（1 年，3 カ月など）の発注回数，$\dfrac{X}{2}$ はこの期間における平均在庫量，a は一回の発注で生じる発注費用，b は期間内の一個あたり保管費用を示している．D が期間における需要量である．

在庫費用を最小化する X を求めるため（1）式の右辺を微分してゼロとおくと，

$$C'(X) = -\frac{aD}{X^2} + \frac{b}{2} = 0 \tag{2}$$

である．(2) 式を X について解くと，

$$X = \sqrt{\frac{2aD}{b}} \tag{3}$$

になる．したがって，1回あたりの発注費用を1,000円，一個あたり保管費用を10円とすると，経済的発注量は（2 × 1,000（円）× 50（個/日）× 365（日））÷ 10（円））の平方根である1,910個になる．すなわち，在庫が575個になった時点で1,910個発注するのが望ましい．Aグループのパソコンが10日に一回は発注される一方で，電池の発注ペースは需要の状況によって前後するものの平均では38日に一回となっており，発注間隔が長くなっている．

Aグループほど売り上げに貢献しないものの，Cグループより重要度の高いBグループの発注方式は商品の状況やライフサイクルに応じて検討する．商品のライフサイクルはプロダクト・ライフサイクル（Product Lifecycle）ともいい，商品が市場に投入されてから寿命を終えて衰退するまでのサイクルを体系づけたものである．商品のライフサイクルは商品の売上と利益の変遷を導入期，成長期，成熟期，飽和期，衰退期の5つに分類している[3)]．発売されたばかりの新商品や，今後売り上げの増加が期待できる導入期や成長期にある品目は在庫を近くの物流センターに置き，定期発注方式を使用する．今後の売り上げ増加が期待できない飽和期や衰退期にある品目は，在庫費用や発注にかかる手間がかからないように在庫を集約させ，定量発注方式で発注を行う．

（2）多頻度小口化

在庫管理の目的は在庫調達や維持にかかる費用を最小化することであり，そのためには欠品や過剰在庫を可能な限り防ぐことが重要である．しかしながら，在庫費用と欠品にはトレードオフが存在する．在庫費用を減らそうと思えば在庫を減らすことになって欠品リスクが生じる一方，確実に欠品を避けようとすれば在庫が増えることに伴う在庫費用の上昇は避けられない．

それでも在庫費用と欠品の双方を同時に改善したい場合，多頻度小口化を進める方法がある．この方法では商品の販売状況に応じて，小口で多頻度に商品を発注し，短いリードタイムで納品する．発注を多頻度小口化することで平均在庫量を減らすことができる．

先ほど定期発注方式で例に挙げた**表 7-1** のパソコンについて多頻度小口化を検討したとしよう．ここでは，物流センターの増強や配送トラックや人員の確保によって，発注間隔が 5 日，納入リードタイムが 2 日に変更されたと仮定する．すると需要の変化を織り込んで備えなければならない必要最低限の在庫量である安全在庫は 12 台に変更される[4]．一日の平均販売台数 10 台と現時点での在庫が 80 台で発注残がない点は先の例と同じとする．この時に発注すべき量は何台だろうか．

発注サイクルのイメージは**図 7-5** の通りであり，**図 7-3** に比べてサイクルが早くなっている．需要は発注サイクル（5 日）+ 納入リードタイム（2 日）= 7 日分の予測が必要であるとすると，1 日の平均販売台数に 7 をかけた 70 台が販売される．安全在庫が 12 台であるため，合計で 82 台が発注時点で必要になる．発注時点では在庫が 80 台存在し，発注残も存在しない．実際に発注すべき量

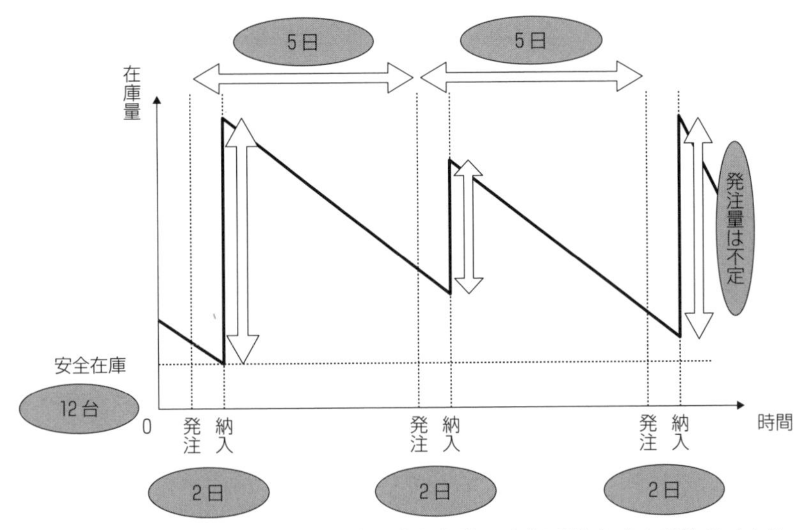

図 7-5　パソコンの発注を多頻度小口化した際の定期発注方式の発注サイクル

は必要量－在庫量－発注残であるため，今回の発注量は82 － 80 － 0 ＝ 2台となる．

多頻度小口化によって，発注サイクルとリードタイムを短くすると，発注量も小さくできる．在庫として置いてある商品が少なくなる一方で，発注をこまめに実施するため，在庫費用と欠品の双方を同時に改善可能である．ほかにも多頻度小口化は，店内に十分な保管スペースを確保できない小売店の物流や，鮮度が重要となる生鮮食品の物流でも有効な解決策となる．

ただし，多頻度小口化は物流コストを上昇させる欠点がある．納品リードタイムを短くし，配送頻度を高めるには物流センターなどの整備やトラックの補強が必要になる．配送にかかるコストや人件費も増やさなければならない．上記の例ではパソコンの発注量が2台と計算されたものの，ほかに運ぶものがあればともかく，パソコン2台のためにトラックやドライバーを用意することには実現性に疑問符が付く．多頻度小口輸送は第2章において活動基準原価計算でみたように，物流会社側のコストを増大させる要因ともなる．また，配送頻度の高まりによるトラック利用の増加は環境保護の観点からも問題があり，納品先での待機時間が増加することによるドライバーや周辺地域への負荷も考慮されなければならない（橋本 2020）．

2 安全在庫の考え方

需要が時期によって上下するとき，平均需要（販売個数）だけを参考に在庫量を設定すると欠品が起こる可能性が高まる．需要量の変動を織り込み，平均需要を参考にした在庫に追加して，一定の確率以上での欠品を許さないために保有する在庫水準のことを安全在庫という．欠品を起こさないために最低限必要な在庫水準，と言い換えることもできる．

（1）安全在庫の計算

安全在庫の計算は安全係数×需要の標準偏差×（発注リードタイムと発注間隔の合計の平方根[5]）という形で行われる．安全係数は許容できる欠品率に対応して求められる数値である．安全在庫を設定すると，欠品率は需要が正規分布

表 7-2　許容できる欠品率と安全係数

許容する欠品率	0.1%	1%	2%	5%	10%	20%
安全係数	3.1	2.33	2.06	1.65	1.29	0.85

に従うと考えたときに，「平均需要＋安全在庫」以上に需要が発生する確率になると想定される．欠品率を x ％程度に抑えるために，需要の標準偏差の何倍の在庫を準備すべきかを示すのが安全係数であるとも言い換えられる．安全係数は許容できる欠品率に合わせて，正規分布表から**表 7-2** のように定まる．これ以外の欠品率に対応する安全係数の値も，正規分布表を使用して求められる．

以下では，**表 7-1** にあるパソコンを例にとって計算を進める．パソコンの売り上げの標準偏差を一日あたり 2 台と仮定する．納入リードタイムが 5 日で発注間隔を 10 日とする．許容できる欠品率が 1 ％の場合，安全在庫は 2.33（安全係数）× 2 台 ×（5 日 + 10 日の平方根）= 18.05 台になる．許容できる欠品率が 0.1％に下がると安全在庫は 24.01 台に増え，5 ％まで欠品率を上げると 12.78 台まで減少する．安全在庫は，どこまで欠品率を許容できるかによって大きく変動する．

（2）安全在庫とサプライチェーンの混乱

2022 年現在，新型コロナの感染拡大をきっかけとしたサプライチェーンの混乱が世界中で続いている．2020 年後半以降，欧米でテレワークが増加したことに伴って家具，家財道具やネット通販での需要増（巣ごもり需要）が起こり，貨物輸送は需要過多になった．

一方で世界各地でロックダウンが実行されたことに端を発し，本人や家族の感染問題で出勤が妨げられたために荷物を受け取る荷主がコンテナを受け取れない，ドライバーが足りない事態が各地で発生した．その結果，コンテナ輸送サービスを供給する側がコンテナを十分に確保できなかったり，混雑のために船の回転が遅れてサービス供給量が制約を受けた．

スケジュールで定められた到着予定より，コンテナ船の到着が一日以上遅れなかった割合（日程順守率）をみると，2019 年までは 70-80％で日程順守がなされていたものの，コロナ禍に入った 2020 年後半以降順守率が低下し 2021 年に

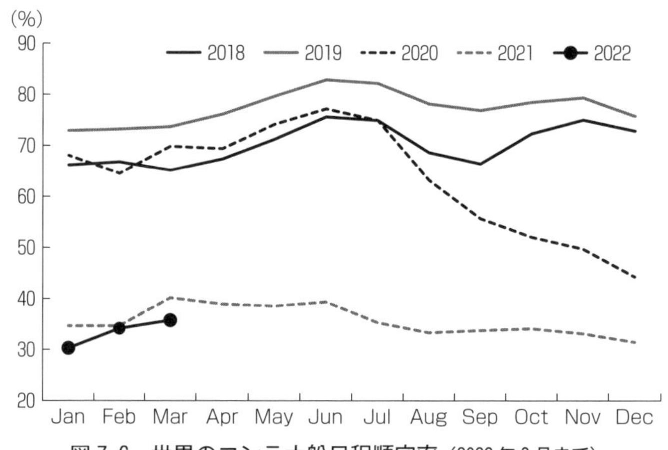

図 7-6　世界のコンテナ船日程順守率（2022 年 3 月まで）

出所：Sea Intelligence.

は 30％台に下がった．2022 年に入ってからも 30％台の日程順守率が続いている（図 7-6 参照）．

図 7-7 は日程順守ができなかった船の平均遅延日数の推移を示しており，平均遅延日数は 2022 年に入ってからも約 7 日の遅延日数で推移している．物資輸送の遅れは，日本でも食品，製造業，住宅機器など広く影響しており，売り上げが立たずに企業の資金繰りにも影響する問題も起こっている．

今回の物資輸送の遅れによって，安全在庫も大きく変化することになったと予想される．例えば表 7-1 のパソコンの納入リードタイムが 20 日に延びたと仮定しよう．発注間隔が 10 日，売り上げの標準偏差は一日あたり 2 台であるから許容できる欠品率が 1 ％の場合，安全在庫は 2.33（安全係数）× 2 台 ×（20 日 + 10 日の平方根）= 25.52 台と，以前の例に比べて増える．

定期発注で発注する量も発注サイクル（10 日）+ 納入リードタイム（20 日）= 30 日分の予測をみると，1 日の平均販売台数に 30 をかけた 300 台になる．安全在庫が 26 台であるため，合計 326 台が発注時点で必要になる．また，この時点では在庫が 80 台存在し，発注残はないため，実際に発注すべき量は 326 − 80 − 0 = 246 台になる．

このように，物資輸送が遅れてしまうと安全在庫の量も発注量も大きく増加する．今回のサプライチェーンの混乱でも，荷主は欠品を避けるべく在庫を増

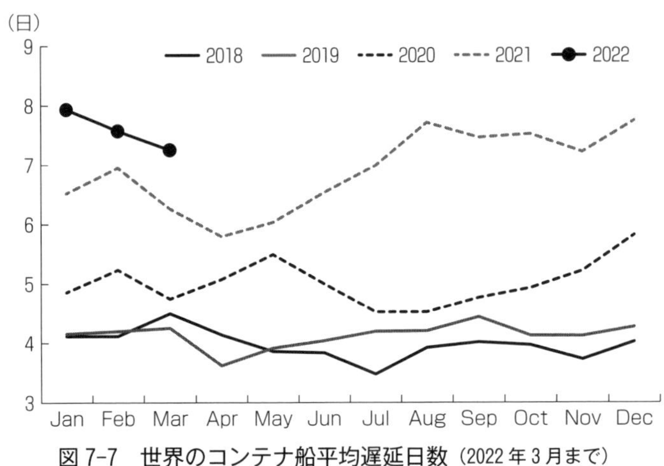

図 7-7　世界のコンテナ船平均遅延日数（2022 年 3 月まで）

出所：Sea Intelligence.

やす対応を行っている．このことが需要をさらに増加させ，混乱を拡大させる結果となっている点にも注意が必要である．

演習問題

1．表 7-1 のスマホの発注間隔を 7 日，納入にかかる日数（納入リードタイム）7 日，一日の平均販売台数を 8 台，必要最低限である安全在庫が 17 台，現時点での在庫が 60 台，発注残が 10 台あるとする．この時発注すべき量は何台だろうか．

2．表 7-1 のゲームソフトの納入リードタイムを 14 日，一日の平均販売個数を 15 個，安全在庫が 44 個，現時点での在庫が 100 個とし，発注残が 44 個あるとする．在庫が何個になったら，何個発注すべきであろうか．平方根の計算には電卓や Excel の SQRT 関数などを用いるとよい．

3．表 7-1 のスマホの発注間隔を 5 日，納入にかかる日数（納入リードタイム）2 日，一日の平均販売台数を 8 台，必要最低限である安全在庫が 12 台，現時点での在庫が 60 台，発注残が 10 台あるとする．この時発注すべき量は何台だろうか．
1．の結果と比べて答えがどのように変わったかについても検討しなさい．

4．表7-1のスマホの発注間隔を5日，納入にかかる日数（納入リードタイム）2日である場合，許容できる欠品率を5％とした場合の安全在庫水準は何台だろうか．また，1％，0.1％，10％のときはどうだろうか．表7-2の安全係数を使って答えなさい．平方根の計算には電卓やExcelのSQRT関数などを用いるとよい．

注

1）自己資金で購入したとしても，在庫を持っているがため運用益を失う．

2）売り上げに対する貢献が小さいため，場合によっては取り扱いを停止することも検討項目である．

3）教科書によっては導入期，成長期，成熟期，衰退期の四段階で説明していることがある．

4）安全在庫量の算出の考え方は第2節で説明する．

5）定量発注方式の場合は発注間隔をゼロにして計算する．

第8章

物流戦略

戦略は幅広く，多様なテーマであり，極めて重要である．戦略のない組織は，航海システムのない船に例えられる．戦略は，「成功のための特定の長期的計画」である．一般に，ステークホルダー（Stakeholder，利害関係者）の期待に応え，将来に向けて組織を計画し，設定することに関わるものである．本章の具体的な目的は，戦略という分野全体を探ることではなく，戦略と物流及びSCMとの関連性を検証し，具体的な物流戦略およびSC戦略を検討することにある．第1章ですでに述べたように，本書では，物流はSCMという広い組織の一部であるという見方を採用している．したがって，物流戦略とSC戦略は密接な関係にあり，本書では両者を連動して考えることになる．SCMの目的は，全体の価値を最大化することである．価値は，サプライチェーンの収益性と相関している．ここで，収益性とは，顧客から得られる総収入と，SC全体のコストとの差である．

1 企業戦略と物流戦略

企業の戦略を検討する際の出発点は，通常「トップダウン」（Top-Down）である．したがって，まず，組織全体，あるいは企業全体の戦略とその目標について検討することが多い．例えば，組織全体の財務目標や成長目標は何なのか．同様に，組織はどのような技術や市場に注力するかを決定する必要がある．また，最近では，事業が環境に与える影響を考慮する傾向がますます強まっている．この持続可能性の問題，およびその国際物流との関連については，第10章で取り上げる．

全組織レベルの下には，ビジネスユニット（事業）レベルと呼ばれるものがある．多くの大企業はこのようなビジネスユニットに分かれており，特定の製品や市場に焦点を当てている．例えば，大規模な物流サービスプロバイダーの中には，倉庫保管，輸送，その他の事業部門を別々に持ち，これらの分野ごとに個別の戦略を策定している場合がある．

最後のレベルは，機能戦略と呼ばれ，ビジネスユニット内の特定の活動領域（例えば，マーケティング，IT，ロジスティクス）に対する戦略の策定を意味する．

しかし，これが戦略立案の最良の方法であるとは言えない．理由としては2点が挙げられる．(1) ボトムアップ（Bottom-up）の視点がないこと，(2) ロジスティクスやSCMの場合，それらが組織内の他の機能と同様の機能であると仮定している．さらに，ダイナミックに変化し続けるビジネス環境に対応するために戦略を進化させる必要がある．

戦略の「ボトムアップ」の視点に立つと，物流より広範囲なビジネスユニットや企業の戦略にどのように貢献できるかがよく見えてくる．

物流とSCMは，クロスファンクショナル（Cross Functional）な活動であり，1つの機能領域に限定されるものではない．多くの企業は，マーケティングと生産など，いわゆる機能別サイロ（Silo）[1]に組織化されており，様々な機能が十分に統合されていない場合が多い．このような構造では，顧客の要求に十分に応えられないことが多い．

これに対して，SCMは，機能横断的なプロセスベースの観点を追求する．物流は企業内の機能横断的で意図的に開放された管理領域であり，サプライチェーンにおいては，外部パートナーとの積極的な連携であるというものである．

2 SC戦略

SC戦略とは，企業が競合他社と比較して，顧客ニーズを満たすために製品やサービスの提供に関してたてる戦略のことを指す．SC戦略には，サプライヤーの選択，施設の立地，流通経路の選択に関する意思決定が含まれる．典型的なSC戦略は，最小限のコストで円滑な流れを実現することを目的とするものである．多様な市場で販売される，特性の異なる様々な製品をサポートするSC戦略を設計する場合，多様な戦略も必要とされている．

不安定なグローバル環境において，SC は多くの課題に直面している．オムニチャネル販売（Omni-Channel Retailing）[2] や政治危機，異常気象など，外部からのプレッシャーが強まる中，企業はリスクと不確実性の増大に対処しなければならず，収益性と成長性を圧迫している．企業の SC 戦略は過去よりも重要になっている．そして，組織が戦略を効果的に実行することも非常に重要である．

SC 戦略は物流活動の段階別で図 8-1 のように分けることができる．各段階における代表的な戦略を紹介する．

図 8-1　サプライチェーン戦略例

（1）購買

① アウトソーシング（Outsourcing）とマルチソーシング（Multi-sourcing/Multiple Sourcing）

アウトソーシングとは，第三者のサプライヤーから商品やサービスを調達することである．アウトソーシングはコストを削減することを目的に，製品やサービスに必要な特定のスキルを追加し，社内に大きな投資をすることなく，何かを迅速に行うためによく利用される．

マルチソーシングは，マルチプルソーシングとも呼ばれ，従来のシングルソーシングに代わり，業務遂行に必要な様々なサプライヤーと製品やサービスを契約するアウトソーシング手法のことである（表 8-1）．

② ネットワーク多様化（Network Diversification）

SC ネットワークを多様化することは，商品とサービスの最大限の選択肢を確保するために最も重要なことである．利点は，コスト削減と効率向上である他，持続可能性や企業の評判にもつながる．

表8-1　マルチソーシングの長所と短所

長所	リスク軽減	個々のサプライヤーへの依存度が低いため，何か問題が発生した場合のサプライチェーンの柔軟性が高まる.
	安定性	サプライチェーンの多様化により，製品・サービスの提供はより安定的である.
	高い品質	より大きなリソースプールにより，最高の製品・サービス品質を可能な限り低価格で手に入れることができる.
	イノベーション	競争を通じてイノベーションを生み出す可能性がある.
	交渉力を高める	どのサプライヤーが最高のパフォーマンスを発揮しているかを把握できるようになり，将来のより良い取引に役立つ.
短所	供給先の管理	複数のサプライヤーと同時に良好な関係を築き，維持することが難しい.
	管理コスト	多数のサプライヤーの管理とコミュニケーションに伴う間接管理費を増加する可能性がある.
	品質管理	品質管理，効率性の把握が困難な場合はある.
	統合の難しさ	複数のサプライヤーが製品の異なる部分を受け持つ場合，その統合に問題が生じ，余分なコストと時間がかかる場合がある.

大企業からの調達には，世界的な知名度や法的な優位性から，倒産する可能性が低い点まで多くの利点がある．しかし，多くの業界関係者がサプライチェーンの多様化のメリットを強調するように，中小企業からの調達のメリットも増えてきている．

（2）在庫管理

① バッファ在庫（Buffer Inventory）

バッファ在庫とは，事業者が需給の不確実性に対するクッションとして手元に置く余剰在庫のことを指している．バッファ在庫は場所をとり，特に賞味期限がある在庫の場合はコストがかかる．しかし，需要や市場の変動を対応できる，企業収益を安定化させ，サプライチェーンの混乱を回避するなどのメリットがある．

「バッファ在庫」と「安全在庫（Safety Stock）」という言葉は同じ意味で使われている．場合によっては，「バッファ在庫」は予想外の製品需要の増加（例：販促で予想以上の売上を上げる）に備えて特別に保有する在庫を指し，「安全在庫」は仕掛かり在庫やサプライヤーの遅延（例：製造停止）に備えて保有する在庫を指すこともある．両者とも，需要を満たすのに十分な在庫を確保し，時間通りに注文を間に合わせることを目的にしたものである．

② リーン（Lean）

リーンは贅肉のない，引き締まったという意味を持つ英単語に由来し，企業の活動において，徹底的にムダを排除する手法である．リーン生産方式（LPS：Lean Product System）は，1980年代にアメリカのマサチューセッツ工科大学の研究者らが日本の自動車産業における生産方式（主にトヨタ生産方式，TPS：Toyota Production System）を研究し，その成果を体系化・一般化したものである．現在では生産管理手法の哲学になっている．ボトムアップ型の企業は，暗黙知ベースのシステムが支配的であり，その結果，部分最適に陥りやすく，局所的にムダが排除されても全体で見た場合にはムダが排除しきれていない状態が生じやすい．対して，トップダウン型の形式では知ベースが体系化されているため，全体最適が追求しやすくなり，組織全体としてバランスがよくなりムダを排除しやすくなる．

トヨタは，個々の機械の効率ではなく，システム全体の流れに重点を置いた生産システムを開発した．機械の回転の速さ，ムダの排除，均等な生産フロー，低レベルの在庫，全工程時間の短縮，総合的な品質の達成に大きな重点を置いていた．多くの生産システムが「プッシュ型」であるのに対し，トヨタは在庫がシステムを通じて下流に「プル型」されるシステムを開発した．これは，在庫の積み上げや非効率を防ぎ，在庫を最小限に抑え，使った分だけ補充する，ジャストインタイム（JIT：Just In Time）在庫補充と呼ばれるものである．

リーン生産方式から派生した，無駄の無い物流システムはリーン物流と呼ばれる．物流の分野では，リーンとは，SCから無駄な活動を特定し，排除することである．その目的は，製品の流れとスピードを向上させることである．リーン物流は，あらゆるレベルのオペレーションを改善し，無駄を省くことでSCを最適化することであり，SCMに重要な役割を果たす．在庫の管理を改善し，配送における不要なステップを排除することで，在庫の最小化や余剰在庫の排除が可能になる．

リーンとバッファ在庫は矛盾するように見える．リーンの倫理観は，「在庫は7つの無駄のうちの1つだから悪いものに違いない！」というほど，すべての在庫は悪であるとされている．確かに，過剰生産や過小生産のような無駄を隠しているのであれば，それは悪いことである．一方，在庫バッファが需要の急増や供給の変動などの不安定さからコスト効率よく顧客に対して納期を守れるためであれば，それは付加価値を生むことになる．

（3）需要予測の分類とアジャイルSC

① 需要予測（Predictive Demand）

需要予測とは，ある製品の将来の需要を予測する手法である．予測の精度は，データの質と量，予測の計算方法，使用した経験などに大きく左右される．より正確な需要予測を行うために，SC管理者は通常異なる需要予測方法を用いて，複数のタイプの販売予測に依存する．予測の精度は，需要計画に使用するデータの正確さと，外部要因が需要計画を作成するために使用した仮定にいかに合致しているかによって決まる．

需要計画は，多くの場合，売上に関する過去のデータに基づき，将来の需要を予測することになる．その他の要因としては，季節的な需要の上下，経済環境，市場トレンドなどがある．

予測期間の長さによって，1年先まで予測する短期予測と将来の需要を最大4年先まで予測する長期需要予測に分けることができる．

需要予測には，内部予測と外部予測がある．外部予測は，経済や市場の変化が将来の需要に与える影響を考慮する．需要計画担当者が外販予測を作成する際には，消費者の需要動向，消費者支出のパターン，そしてより広範な経済見通しを考慮する．一方，内部予測では，社内のSCと人材の能力に焦点を当てる．内需予測は，季節ごとの需要に対応するために，どのようなリソースが利用可能か，という質問に答える．正確な需要予測を作成するためには，内外の需要計画の両方が不可欠である．

需要予測はまた，アクティブ（Active）型とパッシブ（Passive）型に分けられる．能動的な需要予測（アクティブ型需要予測）は，経済動向や企業の成長計画に関する予測を用いて需要計画を作成する，ダイナミックなものである．受動的な需要計画（パッシブ型需要予測）は，過去のデータのみに依存する．安定した需要があり，市場が確立されている製品を扱うビジネス分野では，受動的な需要予測がうまく機能することもある．新興企業にとっては，過去のデータだけでは将来の需要を明確に把握することができないため，積極的な需要計画が必須となる．既存企業でも，効果的な在庫管理やサプライチェーンマネジメントを行い，市場シェアを拡大するために，積極的な需要予測を選択することがよくある．

需要予測の方法は，基本的に定量的なものと定性的なものの2つに分類される．定量的予測は，顧客需要に関する過去のデータ，季節的変動，その他のデータ駆動型の指標に依存する．定性的手法では，需要計画担当者は社内外の専門家の意見を取り入れ，需要を予測する．定量的手法と定性的手法のどちらにも利点と欠点がある．経験豊富な需要管理者にとって，最適なソリューションは，両方とも使用することが多い．

最も一般的な定量的予測手法には，以下のようなものがある．

【バロメトリック予測法（Barometric Method of Forecasting）】

バロメトリック予測法は，経済活動全体の傾向を予測するために開発された技術である．天気予報では，気象予報士が気圧計の中の水銀の動きをもとに，天候を予測する．この論理に基づいて，経済学者は経済指標をバロメーターとして，企業活動の全体的な傾向を予測する．

バロメトリック法は，関連する経済指標の指標を開発し，その指標の動きを分析することで将来の動向を予測するというアプローチに基づいている．将来の動向を調べるために，いくつかの指標の時系列を作成する．これらは以下のように分類される（表8-2）．

表8-2　バロメトリック法採用指標

指標	定義	例
先行系列 (Leading Series)	他の指標に先行して上昇または下降する指標を指す．	純企業投資指数，耐久財の新規受注，在庫の価値の変化，当期利益など
偶然系列 (Coincidental Series)	経済活動の一般的な水準と同時に上下する指標を含む．	失業率，非農業部門の従業員数，製造業，小売業，貿易部門の売上高，恒常価格での国民総生産など
遅行系列 (Lagging Series)	ある時間遅れの後，その変化に追随するもの．	貸付残高，単位生産量あたりの人件費，短期貸付利率など

予測における気圧法の利点は，回帰分析のもとで独立変数の値を見つけるという問題を克服するのに役立つということである．この方法の主な限界は，第1に，予測される変数の先行指標を見つけることが困難であり，容易に入手できないことがよくある．第2に，気圧の法則は短期的な予測にしか使えない．

【トレンド予測（Trend Forecasting)】

トレンド予測による需要予測では，成長パターンを含む過去のデータを使って売上予測を行う．これは近い将来の正確な需要予測をできるが，SCの長期需要計画を作成する必要がある場合，販売履歴に依存せずに，他の要因を考慮する必要がある．

【指数平滑化予測（Exponential Smoothing Forecast)】

時系列データから将来値を予測する際に利用される代表的な分析手法．この予測方法は，過去のデータを入力として使用し，売上の季節的変動も考慮し結果を作成する．指数平滑法を使った需要計画は，小さなデータセットに基づくことができるため，新興企業にとって有用な定量的方法である．

【回帰分析（Regression Analysis)】

2つ以上の異なる変数（例：季節，店舗数と売上高）間の関係を調べることで，1つの因子が別の因子にどのように影響するかを予測できる．回帰分析には単純なものから複雑なものまであり，内部データと外部データの両方を分析に取り入れることができる．

【計量経済学的予測（Econometric Forecasting)】

この予測モデルは，需要に関するデータと需要を動かしうる外部要素に関する情報との相互作用を利用して，需要計画を作成する．計量経済学的予測は，他のいくつかの方法よりも高度な統計的予測技術を必要とするが，より正確な需要予測を作成することもできる．

定量的な需要予測の手法はすべて，機械学習（ML：Machine Learning）による需要計画ソリューションに適している．AIを使用して市場動向に迅速に対応するモデルは，精度の高い予測を提供し，在庫管理を最適化することが可能になる．AIや機械学習については，第13章で取り上げる．

定性的な予測方法は，データへの依存度が低く，人間によるインプットを多く含む傾向がある．社内で蓄積した知識と外部の専門家の知識を活用することも可能である．最も一般的な定性的予測方法には以下のようなものがある．

【セールスフォース合成予測法（Sales force composite）】

販売力合成法ともいう．販売代理店がそれぞれの担当地域の売上を予測し，それを支店，地域，エリアレベルで集約した後，総合して会社全体の売上予測を作成する売上予測の方法である．営業担当者は顧客と最も多く接触しており，他の市場情報源よりも早く販売傾向を見出すことができる．また，営業担当者は，自社製品や顧客に特化した市場情報を保有している．

セールスフォース合成予測法には，いくつかの利点がある．まずは，販売員の深い知識と経験を効率的に活用することができる．売上予測の責任が販売代理店にあるため，何か問題が発生した場合，関連代理店をすぐ特定できるため，迅速な原因究明が可能である．販売代理店が自ら売上を予測するため，その達成により多くの努力を払うことができる．この方法は，母集団が大きいので信頼性が高く，さらに，製品別，月別，地域別の予測に容易に分解することができる．

しかし，この方法にも欠点がある．販売員は予測の専門家ではないので，高度な予測テクニックを適切に使うことができない．また，営業担当者は自分の担当範囲内の状況に大きく影響され，将来の売上について楽観的になったり，悲観的になったりすることがよくある．販売代理店は，自分の担当地域内の状況は詳しくわかっても，経済環境や業界全体に関する完全な情報を持っているとは限らない．販売代理店は，販売目標を上回ったときに経営陣からより多くのインセンティブやボーナスを得られるように，意図的に販売予測を少なくすることもある．

【市場調査法（Market Research）】

この予測方法は，市場のトレンドと機会に関するデータを使って需要予測を行う．売上予測に使用する過去のデータがない新興企業には有効な方法といえる．市場調査の需要予測は，顧客調査のデータに基づいて行われる．継続的に行うことも，集中的に調査することも可能である．アンケートの送付やデータの集計に時間と労力がかかるが，調査結果の価値が大きいと言える．この方法は，社内の販売データからでは得られない貴重な洞察を得ることができる．市場調査の予測には，販売促進や業務拡張計画，SCの制限に関する情報などを加味する必要がある．

【デルファイ法（Delphi technique）】

需要予測のためのデルファイ法は，エキスパート・メソッドと呼ばれることもある．需要計画担当者は専門家のパネルを集め，一連の質問に答えるよう依頼する．質問は，将来の需要に関する専門家の意見を明らかにする．需要管理者は，その回答を要約し，パネルと共有する．そして，専門家は，最初の回答のサマリーを考慮しながら，再び質問に答える．専門家のパネルが実質的な合意に達するまでこのプロセスを繰り返す．

この需要予測手法により，異なる専門分野を持つ人々の知識を活用することができる．回答が匿名化されているため，各自が率直な回答をすることができる．直接会って議論することがないため，世界中のどこからでも専門家をパネルに加えることができる．このプロセスは，グループが互いの知識や意見を基に進められるように設計されている．最終的には，十分な情報に基づいたコンセンサスを得ることができる．

効果的な需要予測を行うには，正確な情報が必要である．ほとんどの企業における需要予測の問題は，データの欠落に関係している．多くの企業は，過去の販売データがない，または在庫管理不足などの問題点を抱えている．この問題点を解決するには，SC上でデータを他部門と共有する，調達先を多様化する，需要予測の結果を追跡するなどが有効である．

SCの需要予測を成功させるためには，以下の要素を含む必要がある．①過去データおよびトレンド予測を含む，信頼できるデータ．②営業担当者，外部の専門家，市場調査などからの実用的なインプット．③頑健的なSC分析技術．④潜在的な予測誤差を発見・修正し，必要に応じて軌道修正するための柔軟性．⑤社内外のSCパートナーとの協働．

世界最大のeコマース企業であるアマゾンは，世界でも有数の大規模なロジスティクス事業を展開している．アマゾンの高度なSC計画は，需要を予測し，最も注文の多い顧客に最も近い倉庫に商品を移動させることを可能にしている．AIを駆使した次世代型の需要予測が，アマゾンの1時間配送を可能にしている．実際，アマゾンの需要予測と顧客需要の深い理解との組み合わせにより，近い将来，アマゾンの注文ボタンを押したとたんに商品はすでに玄関先まで運ばれているかもしれない．アマゾンの技術は，ビッグデータと機械学習を活用し，在庫最適化とオペレーションプランニングを新たなレベルへ引き上げている．

Column

アマゾンの先読み配送（Anticipatory Shipping）

アマゾンは，革新的なビジネス戦略を採用することで知られている．すでに，小売業者のフルフィルメントと出荷プロセスを自動化して改善する「ロボットワークフォース」や，自律飛行する配達用ドローンを積極的に導入している．

同社が最近取得した特許で明らかになった，導入を準備している技術やプロセスは，“先読み配送”と呼ばれている．注文が入る前でも，選ばれた顧客に商品やアイテムを送り出すように設計されている．ほとんどの場合，期待通りに機能しない．商品は顧客に配送できず，最寄の出荷センターに配送される．特許の中ではアマゾンはこのように言及している．「好意と信頼を築く」ために，万が一，商品を希望しない顧客に発送した場合は，無料で保管する．

では，予測出荷はどのように行われるのか？　予測分析ツールや膨大なAmazon の顧客データと組み合わせることで，予測出荷プロセスは，人気のある商品を効果的に滞留させ，フルフィルメント時間を短縮することができる．特定の地域の顧客が商品を注文すると，最寄の出荷センターから，あるいは近くのトラックで保管されている場所から，より短い時間で送られる．また，お客様が注文できるようになるまで，戦略的に配置された小規模な倉庫にパレットで商品を保管することもある．

同社は，顧客の過去の注文履歴，買い物カートの内容，ほしい物リスト，さらには人気のある地域別リストなど，地域特有の統計に基づいてローカル在庫を管理する．また，Amazon の Alexa プラットフォームと統合し，自動的または定期購入に従って商品を注文できるようにすることも可能である．例えば，トイレットペーパーやペーパータオルがなくなったら，Alexa に知らせるとすぐに届くようなイメージである．そのメリットは，従来のフルフィルメントセンターから出荷されるのと比べると，はるかに早く商品が届く．

少しわかりやすく説明すると，ある商品が必要なことに気づき，パソコンやスマホでAmazonに注文することを想像してみてほしい．通常であれば，商品が届くまで何日も待たなければならない．しかし，Amazonの新しい配送方法では，商品は数分から数時間以内に届く．アマゾンの新しいサービスが，多くの産業における商品の出荷，フルフィルメント，物流管理を完全に破壊すると考えられる．もしこれが成功すれば，状況は大きく変わり，他の多くの小売業者やeコマースブランドが同様のことを考え出すきっかけになるだろう．

② アジャイル（Agile）SC

製品の多様化，製品ライフサイクルの短縮，アウトソーシングの拡大，ビジネスのグローバル化，IT技術の進化など，現在のビジネストレンドにおいて，SCを効果的に管理することは，複雑かつ困難な課題となっている．さらに，市場における競争の激化や顧客からの要求の高まりなど，様々な要因が重なっている．近年では，SCにおけるリスクという領域が，自然的なもの（例えば，食品SCにおける病気や汚染）であれ，人為的なもの（例えば，テロやサイバー攻撃）であれ，SCMの課題をさらに増やしている．これらの要因のすべてが，製品需要の高いレベルの変動を引き起こしている．

このような変動を緩和するために，アジャイル（Agile）SCが登場した．アジャイルとは，直訳すると「素早い」「機敏な」という意味である．クランフィールド大学のマーティン・クリストファー氏らが提唱するアジャイルSCは，このような変動に対処するように設計されている．クリストファー氏によれば，「真にアジャイルなビジネスにとって，需要の変動は問題ではなく，そのプロセスや組織構造，そしてSCの関係によって，どんな要求にも対処することができる」のである．アジャイルSCの特徴は，事実上，SCの上流にあるすべての動きが顧客の要求の結果である「需要の連鎖」として機能しようとすることである．

現代のSCにおいてはアジャイルな変革が必要である．その理由は2つ挙げられる．第1に，小売店の店頭に毎日トラックで大量の荷物を運ぶといった形式の店頭販売モデルは，宅配や注文の店頭での受け取り，荷物集配所での受け取りなどの新しい小売りモデルにとって代わられつつある．第2に，SCのデジタル化も一因である．現代のSC担当者が直面しているのは，ブロックチェーン，人工知能（AI），ロボティック・プロセス・オートメーション（RPA），クラウドコンピューティング，モノのインターネット（IoT）など，新しい技術ばかりである．こういった新しいテクノロジーの最適な活用方法や，新しいテクノロジーと既存のERPシステムとの組み合わせ方法の検討にはアジャイルのコンセプトが欠かせない．未来のSCは，「より多くを，より短い時間で，新しいデジタルテクノロジーで」というコンセプトを進んで受け入れなければならない．これは「アジャイルSC」の神髄である．

3 SCM戦略策定の7つの原則

SC戦略の様々な側面について詳しく見てきたが，SC戦略を策定し，企業戦略全体の最適化を実現するためのガイドラインを紹介する．

1．サービスニーズに基づき顧客をセグメント化し，SCを適合させ，これらのセグメントに利益をもたらす．
2．顧客セグメントのサービス要件と収益性に応じて，物流ネットワークをカスタマイズする．
3．市場のシグナルに耳を傾け，SC全体で需要計画を調整し，一貫した予測と最適な資源配分を実現する．
4．製品をよりお客様に近いところで差別化し，SC全体での転換を加速させる．
5．供給元を戦略的に管理し，材料やサービスの総所有コストを削減する．
6．SC全体の技術戦略を策定し，複数のレベルの意思決定を支援するとともに，製品，サービス，情報の流れを明確に把握する．
7．消費者に効果的かつ効率的に到達するためのチャネル横断的な業績評価指標を導入する．

4 ブルウィップ効果

「ブルウィップ」は，ブル（牛）を追うウイップ（鞭）のことで，ハンドルで手首を少し動かすだけで，その先端で大きな鞭のひびきが生まれることを意味する．SCにおいて，川下（需要側）の変動が川上（供給側）に向かって，発注数量が実需とは乖離（かいり）する現象のことを「ブルウィップ効果」と言う．

古典的な産業・経済理論では，市場に需要数量の変動があってもバッファ在庫があるため，生産段階の数量は平準化されると説明する．しかし現実には理論と逆の現象，すなわちブルウィップ効果が観測されるため，古くから多くの研究者がこの問題に取り組んできた．

ブルウィップは，あらゆるSCにとって深刻な問題である．需要の増幅が過剰在庫を生み，それが倉庫のスペースを占領し，深刻なコスト負担となる上に，実際に使われることがない可能性もある．ブルウィップには，リードタイムがゼロでないこと，需要シグナル処理，オーダーバッチ，価格変動，配給とゲーム性という５つの原因がある．

非ゼロリードタイムと需要シグナル処理は，サプライチェーン上の注文と注文の間のタイムラグ，および下流の注文の可視性の欠如が，上流の注文に関する不正確な決定を引き起こす．過去の注文量と頻度に基づき予測する方法では，需要の傾向が一定であれば妥当な方法であるが，そうでない場合はうまく機能しない．

オーダーバッチング（Order Batching）とは，一括して発注することの影響を指す．従来の資材管理では，経済的発注量（EOQ：Economic Order Quantity）（第７章参照）の計算が行われている．これは供給には有利だが，需要には不利である．すなわち，ある数量をまとめて製造・納入することで，供給側の資源の費用対効果は確保されるが，それが必ずしも需要に適合するわけではない．したがって，オーダーバッチングは，最終顧客の需要が変動するサプライチェーンには不向きなのである．

２個購入で１個無料などのようなキャンペーン時，顧客はその時点で必要なものよりも多く購入し，将来のために「在庫」を抱えることになる．こうした価格変動（Price Variation）は売上を生み出す一方で，需要の山と谷をますます大きくし，上流で増幅させることになる．したがって，このような販売・マーケティングキャンペーンは，その運用上の影響を十分に考慮した上で行う必要がある．

5 SC 戦略の展望

ここ数年はSCMがコロナ禍のようなディスラプションから打撃を受け，いまだに混乱しており，回復する時間がかかっている状況である．原材料不足，気候変動，労働力不足など，外部からもたらされる混乱を乗り越えるために，組織自身のデジタルトランスフォーメーション（DX：Digital Transformation）計画が推し進められている．DXについては，第13，14章にて取り上げる．ここで，戦略的SCをいくつか紹介する．

（1）エコシステムが優位な競争主体になる

SCのエコシステムは，メンバー全員の能力を効果的に活用することができるため，未来の競争主体になる可能性を秘めている．例えば，個々のパートナーが感知したデータやリスクに関する情報を共有することで，エコシステム全体が，通常であれば見逃してしまうような事象に対応することが可能になる．これにより，より透明性の高いSCが構築され，川上のサプライヤーの能力と顧客の需要をより深く理解する機会を提供することができる．エンド・ツー・エンドのSC情報をリアルタイムで共有するエコシステムは，供給や需要の予期せぬ変化に対して，より適切かつ迅速な対応を行うことができる．SCのエンド・ツー・エンドの情報共有や可視化の提供はブロックチェーン技術によって実現されている．ブロックチェーンについては第14章の内容を参照して頂きたい．

（2）持続可能な包装に対する企業のコミットメント

包装物の100%を再利用可能，リサイクル可能，または堆肥化可能にすることを中心に据えている．しかし，持続可能なパッケージングはまだニッチな製品であり，リサイクルインフラやアフターマーケットも成熟していないため，ほとんどの企業はこれらの目標を達成することができない可能性が高い．法規制や消費者の要求に対応するために，SCのリーダーは，持続可能な包装を製品設計プロセスの一部に組み込むことで，消費者に持続可能な包装を受け入れ，廃棄物削減に注力するよう働きかける必要がある．また，エコシステムも成功の鍵となる．なぜなら，メンバーは革新的なリサイクル方法や包装方法に共同で資金を提供することができるからである．持続可能なSCについては第10章で取り上げる．

（3）モジュール化で勝ち組に

モジュラー方式で再設計されたSCは，競合他社の半分の時間でビジネスモデルの革新を実現することができると予測されている．今後，競争上の優位性は，オペレーティング・モデルの変更をより簡単に，より速く，より安全に，より低コストで行う能力を持つ者にもたらされる．モジュラーオペレーションモデルは，SCのリソースとプロセスを，迅速に再利用・再構成できる能力の「レゴブロック」に分解することで，複数の組合せパターンを生み出すことが可能になる．組合せ可能なSCは，新たな機会を生み出し，それを活用するまでの時間を短縮し，新たな脅威や破壊の影響を最小化するための迅速な対応を可能にする．モジュール化に関する取組みの例として，フィジカルインターネット（PI：Physical Internet）が提唱されている．詳細は第14章で述べる．

（4）DEI（Diversity, Equity, Inclusive：多様性，公平性，包括性）のための指標

ガートナーの「2021年サプライチェーンの未来調査[3)]」によると，今後3～5年の間に，顧客は，たとえコストがかかっても，DEI活動とその成果を目に見える形で示す企業に，意図的にビジネスをシフトしていくと考えられている．そのため，SCのリーダーは，経営陣がハイレベルなDEIパフォーマンスと期待される成果（例えば，非正規雇用者の増加や給与の公平性など）に対する進捗を追跡できるような一連の指標を定義する必要がある．DEIを利用して選択するのは，顧客だけではない．人材不足の今，従業員は働く場所を選択し，よ

り多様で包括的なチームの一員となり，平等な給与と機会を得られる会社を選ぶようになっている．

（5）人工知能の活用

今後，大多数のSC組織で機械学習が意思決定を補強するようになる．SCにおける意思決定は，直感や経験に基づく「芸術の域」から，人工知能によって強化された事実に基づく能力へと段階的に移行する．人口知能については，第13章で取り上げる．

企業にとって，SC戦略を機能させるには，テクノロジーは戦略上不可欠なものである．今日の日々変化する経営環境において，サプライチェーン組織はより柔軟になる必要があり，その解決策がデジタル化である．デジタル化に関する内容は，第13，14章で紹介する．

演習問題

1．企業戦略の代表的な3つのレベルは何か？
2．マルチアウトソーシングの仕組みを説明しなさい．
3．トヨタ生産方式で説明された原則はSC戦略にどのように適用できるかを説明しなさい．
4．需要予測の手法をまとめなさい．
5．ブルウィップ効果への対策を調べなさい．

注

1）サイロとは，元々は工業原料や農産物，飼料など各種物資の能率的な集配と貯蔵のためばら積み方式の容器のことを意味する．ビジネス分野において，各種部門，またはシステムが孤立し，情報が連携されていない様子を指する．

2）オムニチャネルとは，店舗やECサイト，SNSなど，オンライン・オフライン問わず，あらゆるチャンネルを活用して顧客と接点を作り，購入の経路を意識させずに販売促進につなげる戦略のことを指す．

3）https://www.gartner.com/en/supply-chain/research/future-of-supply-chain（2022/5/29閲覧）．

第9章

安全・安心な国際物流

本章では，安全・安心な国際物流に向けたリスクマネジメントの考え方とともに，事業継続計画（BCP：Business Continuity Plan）や物流セキュリティなどの具体的な対策について説明する．

1 物流におけるリスク

（1）国際物流とレジリエンス

近年，経済のグローバル化の進展に伴い，サプライチェーンが全世界中に張り巡らされている．このように巨大化・複雑化する国際物流において，様々な原因で物流の途絶や貨物の損失などの被害が発生している．近年の国際物流における国内外のリスク要因は，**表9-1**のようにまとめることができる．

レジリエンス（Resilience）とは，一般的に復元力や回復力を意味するが，近年では強靱化とも言われており，認証規格BS25999では「インシデントに影響されることに抵抗する組織の能力」と定義されている．具体的には，企業や組織が事業停止をおこしてしまう事態に直面したときにも，受ける影響の範囲を小さく抑え，通常と同じレベルで製品・サービスを提供し続けられる能力のことを指す．レジリエンスを高めるには，被害を最小限に抑えるための事前策を講じること（対応力），被害を受けても早期に元通りの状態に戻れるようにすること（復旧力）が重要となる．**表9-1**に挙げたようなリスクに対して，本章で紹介するリスクマネジメントやBCPの構築，物流セキュリティに関する対策を通じて，国際物流におけるレジリエンスを高めることが可能となる．

表 9-1　国際物流における近年のリスク要因

項目	主な事象（発生年）
貨物事故	火災，海難，物理的セキュリティ（破損，盗難・紛失）等
自然災害，異常気象	阪神大震災（1995 年），東日本大震災（2011 年），台風 21 号（2018 年）
政治的リスク （テロ，デモ，ストライキ）	米国同時多発テロ（2001 年），米国港湾労使交渉（2002 年），海賊（東南アジア，アフリカ）
物流需給逼迫	宅配危機（2017 年），ホワイト物流運動（2019 年），COVID-19 感染拡大（2020 年）

出所：能勢（2021）を基に筆者作成.

（2）自然災害への対策

日本では，阪神淡路大震災や東日本大震災などの大規模な自然災害による物流網の寸断は，被災地の復興を中心とした地域経済のみならず，グローバル・サプライチェーンにも大きな影響を与えた．さらに近年，豪雨や高潮など激甚化・頻発化する自然災害により，鉄道や港湾，空港の長期的な機能停止など物流網の寸断が多発している．

物流業は自社の事業継続を通じて，生産活動を行う荷主にとって必要となるサプライチェーンを維持確保し，輸送活動を早期回復させる必要がある．自然災害による被害低減と早期復旧を図るため，BCP（事業継続計画）の充実を進め物流網の強靱化を高めることが重要である．そのため，インフラ自体の強靱化とともに，代替性（Redundancy）を確保する必要がある．具体的には，代替輸送機関や関連機関と平時から連携体制を確保することが重要である．

一方，物流業は，災害支援のための緊急輸送など社会的貢献も必要であることから，緊急支援物資の輸送に関する円滑な実施に向けた官民協力協定の促進や民間物資拠点のリスト化などが進められた．災害時の物流対策については，苦瀬（2022）において詳細に説明されている．

（3）国際物流における 7 S の必要性

国際物流において，貨物事故の防止や輸送品質の向上に対する必要性が高まっている．海外のある倉庫では，**表 9-2** のように物流の輸送品質向上に向けた心構えを表している．この中では，生産現場の品質管理における日本発の取組みとして世界的に用いられている「5 S」とともに，「Safety」と「Security」

表9-2　海外倉庫における品質向上のための7S

日本語	日本語（読み）	英語
整理	Seiri	Structurize
整頓	Seiton	Systematic
清掃	Seiso	Sanitize
清潔	Seiketsu	Standardize
躾	Shitsuke	Self-discipline
		Safety
		Security

出所：各種情報を基に筆者作成.

が掲げられているものの，日本語に対応するSで始まる語句が記載されていない．日本においては「安全第一」を標語としており，治安の良さは世界的にも秀でているため，いずれもあたり前と捉えがちである．一方，海外の物流現場では，安全も保安も含めた「7S」に取り組んでおり，物流セキュリティは大きな課題であると言える．

2　国際物流におけるリスクマネジメント

（1）リスクマネジメントの基礎

リスクの語源はriscare（イタリア語）やrhiza（ギリシャ語）と言われており，「断崖をぬって船を操る」という意味を表す．現代社会において様々なリスクがある中，元々は航海と関係した言葉であったことからも，国際物流とも関係の深い言葉だと言える．リスクが存在しない社会においては，行為と結果が一意に決まるという単純明快な因果応報の世界となる．一方，リスクが存在する社会において，1つの行為に対して複数個の結果が対応することから，リスクや不確実性の程度を減らす知識と情報が重要となる．

リスクマネジメントにおける国際標準規格として，ISO31000（リスクマネジメント－原則及び指針）が2009年に発行された．これは，企業等組織のリスクに焦点を絞り，組織経営のための取組みプロセスを明確化することで，今後企業等が組織全体のリスクマネジメントを推進するにあたり有用な指針を示している．

表 9-3　リスク対応に関する分類

分類	概要	リスク対応
リスク回避	リスクに関わる行為自体を行わない消極的手段	① リスクを生じさせる活動を開始又は継続しないことと決定することによって，リスクを回避する
リスク予防	リスクの発生確率を小さくするための手段	② ある機会を追求するために，そのリスクを取るまたは増加させる ③ リスク源を除去する ④ 起こり易さを変える
リスク軽減	リスク（が生じた際）の影響度（損失）を小さくするための手段	⑤ 結果を変える
リスク移転	保険などを利用した経済的損失の補てん策を講じる	⑥ 1つまたはそれ以上の他者とそのリスクを共有する（契約及びリスクファイナンスを含む）
リスク保有	特に事前策をとらない	⑦ 情報に基づいた意思決定によって，そのリスクを保有する

出所：ISO31000 などを基に筆者作成.

その中で，リスクとは「目的に対する不確かさの影響」と定義されている．つまり，リスクの本質は不確かさにあり，リスクの定義にはプラスもマイナスも無い中立的な表現とされていることが特徴である．

リスクマネジメントは「リスクについて，組織を指揮統制するための調整された活動」と定義されている．リスクマネジメントの具体的な手順は，置かれている状況の確定を行った上で，リスク特定，リスク分析，リスク評価の3つの手順（リスクアセスメント）を通じて，リスク対応がなされる．リスク対応については，7つの対応が定義されており，表 9-3 のようにまとめることができる．

（2）貨物事故のリスクマネジメント

海上コンテナ輸送における貨物事故に対するリスクについて，影響度（平均損害額）と発生確率の関係を図化したリスクマップを用いて評価を行う．国際物流におけるコンテナ貨物を対象として，1事故あたりの平均損害額と発生確率を基にしたリスクマップは，図 9-1 のようになる．この図から，影響度では「火災」，発生確率では「破損」が一番高くなっていることが分かる

この結果を表 9-3 に挙げたリスク対応の観点から考えてみる．事故の影響度

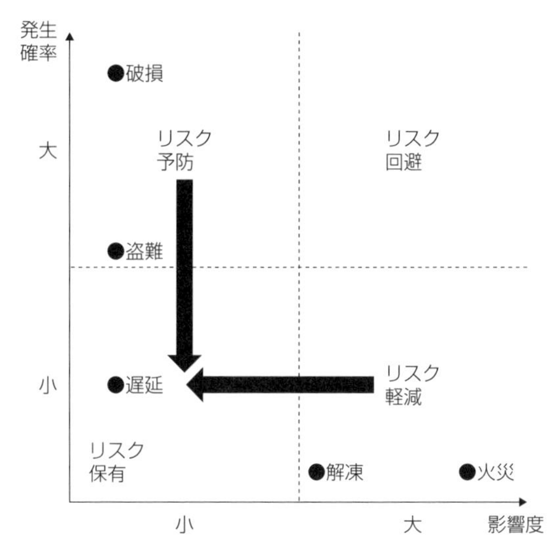

図 9-1　コンテナ輸送における貨物事故のリスクマップ
出所：加藤（1997），渡部（2018）を基に筆者作成.

を減らすには，被害を減少させるリスク軽減が重要になる．一方，事故の発生確率を減らすには，原因自体を事前に抑えるリスク予防が重要になる．つまり，発生確率が小さく影響度が大きい「火災」は，リスク予防が十分取られていることから，延焼防止などリスク軽減がポイントとなる．一方，発生確率が大きく影響度が小さい「破損」は，リスク軽減はこれ以上難しいことから，衝撃や振動に対して適正な包装や梱包を行うといったリスク予防を取ることが重要である．「盗難」や「解凍」のような影響度や発生確率が中程度の事故に対しては，リスク予防やリスク軽減にかけるコストを考慮した上で，貨物海上保険によるリスク移転が有効である．「遅延」のような発生確率も影響度も小さい事象に対しては，リスク保有がなされる．発生確率も影響度も大きい事象に対しては，リスク回避がなされている．

国際物流において，輸送中の貨物に発生する様々なリスクに対して，リスク予防や軽減の取組みを進めるとともに，リスク移転として海上保険が用いられる．藤沢・小林・横山（2014）では，国際海運におけるリスクマネジメントを海上保険の理論・実務の面から説明している．

（3）貨物の破損防止への対応

前節にて紹介した「破損・曲損」のリスクについて詳細を考察する．経済のグローバル化の進展に伴う国際物流における輸送区間やサービスの多様化に伴い，日本国内と同じ包装や梱包の仕様で輸送しているにも関わらず，様々な原因で貨物に損害や損失が発生しているケースが多くみられるようになった．日本においては，全国的に整備された高速道路網等の交通インフラを活用した翌日配送，信頼性の高い時間指定や温度管理，丁寧な荷扱いによる破損の少なさなど，高度なサービスがあたり前のようにとらえられている．特に近年，アジア新興国を中心に水平分業の進化によるサプライチェーンの空間的広がりが見られており，道路インフラの整備とともに陸路輸送の活用が進められている一方，安全に貨物を目的地まで運ぶことができるのかどうかをきちんと確認する必要がある．

商品を保護して販売者や消費者に届けるため，緩衝・防振技術を用いた輸送包装の設計において，落下試験や振動試験などの様々な包装試験が行われている．コンテナ輸送時に発生する外圧の基準値として，国際機関が合同で策定したCTUコードにおいて，**表9-4**のような各方向の加速度係数が示されている．3軸加速度（前方，横方向，下方向）から計算した合成加速度を指標として用いると，陸上輸送（トラック）と鉄道輸送はそれほど違いがなく，海上輸送は波高が高くなるほど衝撃は強くなるものの比較的低い値であることが分かる．

また，代表的な製品の対衝撃強さを表す易損性に関する指標である許容加速

表9-4　加速度係数（単位：G）

輸送モード		進行方向		横断面（横方向）	垂直（下方向）	合成加速度（前·横·下）
		前方	後方			
陸上輸送		0.8	0.5	0.5	1.0	1.375
鉄道輸送（複合輸送）		0.5	0.5	0.5	1.0	1.225
海上輸送※	A海域	0.3	0.3	0.5	0.5	0.768
	B海域	0.3	0.3	0.7	0.3	0.819
	C海域	0.4	0.4	0.8	0.2	0.917

注：※A海域（波高8m以下），B海域（波高8〜12m），C海域（波高12m以上）
出所：国際海上コンテナの陸上運送に係る安全対策会議（2021）を基に筆者作成．

度（Gファクター）が報告されており，対象となる貨物の許容加速度と計測された衝撃加速度の最大値を比較することによって，輸送の可否を判断する．GPSにより取得された位置情報は，地理情報システムを活用することで，輸送中において強い衝撃を受けている可能性がある場所を地図上で特定し，区間毎の評価を行うことを可能とする．

Column

外来生物の侵入を防ぐために

国際物流における長期的なリスクとして，船舶や貨物を介した外来生物の侵入による生物多様性への影響が挙げられる．外来生物とは，人間の活動によって他の地域から入ってきた生物である．日本においては，特に明治時代以降，海外との渡航や貿易の活発化に伴い，外国起源の様々な陸生生物，水生生物が海外から持ち込まれた．外来生物は農作物や家畜，ペットのように意図的に持ち込まれたものの他に，貨物への混入や船舶への付着など非意図的に持ち込まれたものもある．そして，外来生物のうち，地域の生態系や農水産業に大きな影響を与え，生物多様性を脅かすおそれがある種は，日本では2005年に施行された外来生物法に基づき「特定外来生物」に指定されている．

船舶を介した水生生物の移動については，第10章3節で説明するように，国際海事機関（IMO）のバラスト水管理条約を中心とした国際的な対策が進められている．一方，貨物を介した陸生生物の移動については，生物の種類や侵入地点など多様であり，大変複雑な問題である．植物に有害な病害虫については，海外から輸入される植物に付着して日本に侵入することを防ぐため，農林水産省植物防疫所により輸入される植物に対する輸入検疫が行われている．

近年大きな問題となっているのが，南米原産で猛毒性がある火蟻（ヒアリ）である．資源輸出国である中南米諸国との国際物流の活性化に伴い，環太平洋諸国において21世紀に入ってから急速にヒアリの分布が拡大してきた．日本では，2017年夏に神戸港で中国から輸入された海上コンテナで発見されて以降，国内主要港湾において続々と確認されるようになった．対策として，輸入前の海上コンテナ内の食毒剤の設置，国内に陸揚げされた海上コンテナ内での殺虫剤による駆除，野生化した巣での防除などが挙げられている（五箇 2019）．その際，海上コンテナ内にある木材を使用した梱包材（パレット，木箱，木枠など）について，燻蒸や消毒などの処理を行うことも必要である．

3 物流における事業継続計画（BCP）

（1）事業継続計画（BCP）の基礎

事業継続計画（BCP：Business Continuity Plan）では，危機的事象による被害が発生しても重要機能が最低限維持できるよう，効率的かつ効果的な対策を行うための包括的な枠組みを示し，危機的事象の発生後に行う具体的な対応（対応計画）と平時に行うマネジメント活動（マネジメント計画）等を策定する．事業継続に対する潜在的な脅威としては，地震・洪水・台風などの自然災害をはじめ，システムトラブル，感染症の流行，停電，火災などが挙げられる．

BCP に関する国際標準規格として，ISO 22301（事業継続マネジメントシステム）が 2012 年に発行された．同規格において BCP は「事業の中断・阻害に対応し，事業を復旧し，再開し，あらかじめ定められたレベルに回復するように組織を導く文書化した手順」と定義されている．

BCP 策定に当たっては，事業影響度分析（BIA：Business Impact Analysis）とリスクアセスメントを行った上で，BCP を文書化することが定められている．BIA では，重大なリスクに対する重要業務が受ける被害の想定を行った上で，継続すべき重要業務とその目標復旧時間を決定し，ボトルネックの抽出と対策の検討を行う．図 9-2 は BCP の有無による復旧曲線を表しており，その形状からバスタブ曲線とも呼ばれている．BCP が整備されていない場合は，発災に伴い機能がゼロとなり，復旧に非常に時間がかかっている．BCP の整備により，① 重要業務を中心に早期に機能を復旧し，② 発災後も重要業務は最低限継続することが可能となっている．

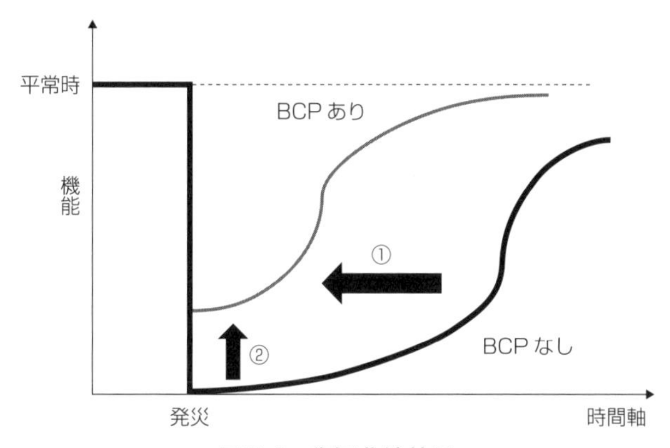

図9-2　復旧曲線効果

出所：各種情報を基に筆者作成.

(2) 物流に関する事業継続計画(BCP)

物流に関連したBCPを策定するために参考となるガイドラインは，各業種に関係する公的機関により発行されている．物流業において，これまでBCPの対象としてきた地震災害とともに，近年の自然災害の頻発・多様化に対応したガイドラインが発表されている．BCPの作業方針として，①事前の予防・被害緩和(減災)対策，②発災直後の措置，③復旧対策の実行，④平時からの準備のポイントが挙げられている(日本物流団体連合会 2020)．

こうした物流業単独の取組みだけでなく，荷主のサプライチェーンを維持するため，物流の早期回復の遅れの原因となる脆弱箇所の整理等を行い，互いに連携して対策を立てる必要がある．荷主と物流事業者が連携した事業継続への取組みとして，BCPの策定促進，連携事項の把握とBCP等への反映，訓練による実践力の向上を通して，継続的にBCPの内容の検証・見直しを行っていくことが挙げられている(国土交通省 2015)．

港湾においては，被害軽減に資する直前予防対応とともに，台風等による高潮・高波・暴風等への対応，港湾内の脆弱箇所等の抽出・周知，復旧・復興活動支援の事前整理，複合災害や巨大災害等により港湾機能が停止した場合への対応が挙げられている(小野他 2015；国土交通省 2020)．その他に，トラック運送業(全日本トラック協会 2021)や倉庫業(日本倉庫協会 2013)に対するガイドラインが発表されている．

BCP の策定を行う企業は近年，増加傾向にあるものの，特に中小企業においてより一層の取組みが求められている．そのため，BIA を実施することが難しい場合は，初期的な BIA を先に行い全体像を把握することを優先順位として高く行うことが提案されている（小山 2021）．

4 物流セキュリティ

（1）物流セキュリティとは何か？

2001 年に発生した米国同時多発テロを契機として，国際物流において，官民一体となりサプライチェーンセキュリティ向上のための監視強化に関する様々な対策が進められている．また，国際物流における盗難や密輸などの犯罪防止は，テロ対策とも共通する部分がある．また，**図 9-1** に示したように，海上コンテナの貨物事故において，「盗難」は発生確率の高いリスクであると言える．

（2）海上コンテナへの脅威と対策

コンテナ貨物は，荷送人から荷受人まで，複数の国をまたいで，複数の輸送機関を利用して運ばれる．このようなコンテナ貨物を利用したテロの脅威は，

①ハイジャック型脅威：コンテナ貨物が輸送中に襲われたり忍び込まれたりして，貨物のすり替えなどの悪意の工作が行われる脅威

表 9-5　コンテナ貨物への脅威と対策

対策	コンテナ貨物への脅威	
	① ハイジャック型	② トロイの木馬型
a．コンテナの内容物の物理的検査	○	○
b．コンテナの保全性の確保	○	×
c．コンテナ輸送環境の保全	○	×
d．コンテナの追跡	○	△
e．貿易文書及び輸出入貨物情報の管理	△	○

出所：OECD（2005），渡部（2015）を基に筆者作成．

② トロイの木馬型脅威：長期にわたり優良な荷主を装っていた荷主が，突然正常な貨物と偽って危険物などを輸送する脅威

の2つに大きく分類することができる．これらの2つの脅威に対して，サプライチェーンセキュリティを確保する5つの対策とその有効性については，表9-5において，有効（○），一部有効（△），無効（×）とまとめられる．

（3）テロ防止を主眼とした国際的な対策

同時多発テロの後，米国では2003年に設立された国土安全保障省（DHS：Department of Homeland Security）が主体となり，サプライチェーンのセキュリティ強化の対策が進められた．DHS所管の米国税関・国境警備局（CBP：U.S. Customs and Border Protection）により，CBPと外国税関の協定に基づいて外国港湾にて貨物検査を行うCSI（Container Security Initiative），外国港湾での船積24時間前にCBPに対して電子的に事前通告を義務付ける24時間ルール（24 Hour Rule），セキュリティ強化と貿易円滑化の両立を図るための官民共同の自主的取組みであるC-TPAT（Customs-Trade Partnership Against Terrorism）などが制定された．

国際海運については，国際海事機関（IMO：International Maritime Organization）により，船舶及び港湾施設の保安に関する規定として，ISPSコード（International Ship and Port Facility Security Code）が2004年に発効された．

税関制度については，世界税関機構（WCO：World Customs Organization）により，SAFE枠組み（SAFE Framework of Standards to secure and facilitate global trade）が2005年に採択され，税関相互の協力及び税関と民間とのパートナーシップという2本の柱を中心にまとめられた．さらに，税関によって貨物のセキュリティ管理と法令遵守の体制が整備された事業者をAEO（Authorized Economic Operator）として認定するガイドラインが2006年に定められ，EUや日本を含めた各国税関では本ガイドラインに準拠したAEO制度が導入されているとともに，各国のAEO事業者に対する相互認証が進められている．日本のAEO制度は，輸出者を対象に2006年より導入され，輸入者，倉庫業者，通関業者，運送者，製造者へと対象が広げられた．

民間の非政府組織である国際標準化機関（ISO：International Organization for Standardization）において，サプライチェーンセキュリティ・マネジメント規格として，ISO28000シリーズが2007年に発効された．国際物流監視機能の強化，密輸の撲滅，海賊行為・テロ攻撃の脅威への対処，そして安全なグローバル・サプライチェーン体制の整備を目的として，セキュリティの改善・向上を求めるためのリスクベースのアプローチ方法を規定した包括的なマネジメント規格であり，各国や国際機関の各種規格への適合を支援するものである（渡邉2008）．

（4）盗難防止への対策

同時多発テロ以前から，盗難や密輸などの犯罪防止を目的とした国際的な非営利団体が運営されている．BASC（Business Alliance for Secure Commerce）は，麻薬密輸の防止のために米国税関の支援の元で1996年に設立された．米国との貿易に関係する民間企業及び米国や中南米を始めとする各国税関等が協力して，官民一体となった保安対策を進めている（BASC HP）．

TAPA（Transported Asset Protection Association）は，高付加価値商品の盗難防止を目的として，1997年にハイテク企業を主体に設立された．2014年版より大幅改訂され，施設・設備と輸送を対象として，FSR（Facility Security Requirements）とTSR（Trucking Security Requirements）の二本立てとなった（TAPA HP）．

（5）食品や医薬品における対策

近年，医薬品や食品の流通過程における盗難や異物混入などの問題が注目されており，国際物流のセキュリティ対策は重要さが増している．医薬品については，第11章にて紹介している医薬品の流通過程における品質管理に関する国際規格であるGDPにおいて，異物混入や偽造品流入防止などの対策が取られている．

食品については，米国同時多発テロを契機としたバイオテロへの対策として，米国食品医薬品局（FDA：Food and Drug Administration）や世界保健機関（WHO：World Health Organization）により，食品工場や物流施設における意図的な異物混入を防止するために，食品防御（Food Defence）への対策が進められている．

食品防御とは，食品の製造，運搬・保管，調理・提供の過程において，食品に毒物などを意図的に混入し，喫食者に健康被害を及ぼす，または及ぼそうとする行為を防止する取組みをいう．なお，第11章にて紹介している食品の衛生管理に関する国際規格であるHACCPには食品防御の考え方は含まれておらず，日本においては米国FDAのガイドラインを基に検討が進められた．国内における流通過程の対策として，運搬・保管施設向けの食品防御対策ガイドラインがまとめられている（奈良県立医科大学HP）．

高度化・多様化する荷主や消費者のニーズに対応するために，進歩の著しい情報通信技術（ICT：Information and Communications Technology）を活用した貨物情報管理の効率化が進められている．とりわけ，物流と情報流を結ぶ自動認識技術の1つであるRFID（Radio Frequency IDentification）や各種センサー技術の利活用を通じて，流通に関係する主体間で貨物や輸送容器などの情報共有が進むことで，トレーサビリティの構築やサプライチェーン全体の可視化が進むことが期待されている．

演習問題

1．国際物流における近年のリスク要因に関して，**表9-1**で挙げられた事例を1つ選び，その被害状況をまとめた上で考察せよ．
2．事業継続計画（BCP）について，国際物流に関連する企業の事例を1つ選び，その概要をまとめた上で考察せよ．

第10章

持続可能な国際物流

近年，大きく注目されている国際的な環境問題や社会問題など持続可能な社会の実現に向けた様々な課題に対して，SDGs（Sustainable Development Goals）と呼ばれる取組みが世界中の国家や企業，大学などで積極的に進められている．本章では，地球全体を対象に様々な主体が関係する国際物流において，持続可能な社会の実現に向けた新たな取組みについて紹介する．

1 持続可能な社会への取組み

（1）国際目標としてのSDGs

世界中で極度の貧困や飢餓を終わらせるためには，経済成長を確立し，教育，保健，社会的保護，雇用の機会など，広範にわたる社会的ニーズに取組み，それと同時に気候変動や環境保護の問題に取り組む必要がある．このような国連の取組みとして，2001年に「ミレニアム開発目標」（MDGs：Millennium Development Goals）に続き，2015年の国連サミットにおいて「持続可能な開発のための2030アジェンダ」がその後継として採択され，「持続可能な開発目標」（SDGs：Sustainable Development Goals）が国際的な目標として記載された．SDGsは地球上の「誰1人も取り残さない」ことを目標に，持続可能で多様性と包摂性のある社会を目指すこととされている．そして，国家の発展や能力の度合いを考慮した上で，先進国とともに貧困や飢餓が深刻な地域も多い発展途上国が協力して達成することを目標としている．

SDGsは2030年までに達成すべき目標として，持続可能な開発の社会・経済・環境の側面から統合し，17のゴール，169のターゲット，230の指標から成り立っている．そして，17のゴールは図10-1のような項目が挙げられてお

図 10-1　SDGs における 17 のゴール

出所：United Nations Sustainable Development Goals web site（https://www.un.org/sustainabledevelopment/）.
ロゴの掲載は，国連の許可を得たが，本書の内容について国連が承認するものではなく，国連および当局者，加盟国の見解を反映するものではないことをお断りします．

り，貧困や環境，エネルギー，国際平和など，世界が抱える多くの課題についてどのような解決を目指していくべきかが定義されている（国連 HP）．

（２）ESG による企業行動の変化

近年，グローバル化する企業活動における社会的責任に関連して，環境（Environment），社会（Social），企業統治（Governance）の３つの英単語の頭文字をつなげた ESG に関心が高まっている．ESG 投資は，企業や機関投資家が主体となっており，資産運用において企業の投資価値を判断する際に，従来の売上や利益などの財務情報や企業統治等の企業内部の取組みだけでなく，広く社会に関係する環境問題や社会問題などの解決に積極的に取り組んでいる企業に積極投資を行うこととしている．具体的には，温室効果ガスや廃棄物の削減などの環境問題，ワークライフバランスの実現に向けた労働環境の改善への取組みなどが挙げられる．これらの取組みは短期的には売上の増加に直接結びつかないものの，中長期的には企業価値の向上につながることが期待されている．

つまり，ESG に配慮した企業行動というプロセスを通じて，SDGs というゴールを目指すこととなる．

民間を主体とした ESG の取組みに対して，国連が責任投資原則（PRI：Principles for Responsible Investment）を 2006 年に提唱し，機関投資家による投資に対して，ESG の視点を組み入れることを行動原則として掲げられた．このような国際機関や各国政府が支援する動きから，民間企業における ESG を考慮した意思決定が企業価値を左右する問題となっていると言える（経済産業省 HP）．

（3）国際物流における SDGs や ESG に対する取組み

経済界における SDGs や ESG 投資に対する関心の高まりを受けて，各企業ではサプライチェーン全体を通じた地球環境問題を中心とした持続可能性への対応を図るために，脱炭素社会に向けた様々な取組みを進めている．国際物流においても，これまでのコストやリードタイムのような短期的な経済効率性とともに，地球規模の長期的な持続可能性を意識した取組みが益々重要となっている．国際物流の脱炭素化は，業界としての排出削減だけでなく，多くの企業のサプライチェーンにおける脱炭素化とともに，近年取り組まれている強靭化や多様化などを担う交通インフラとして，関係する企業における企業価値向上に貢献する機会になる．なお，ロジスティクス全般における SDGs については，日本ロジスティクスシステム協会（2022）において詳細にまとめられている．

また，国際物流においては，船舶や航空機を発生源とする港湾や空港における大気汚染や海洋汚染などの環境問題に対して，港湾域内など地域的な公害防止を含めて，国際的に長年に渡り取組みが進められてきた．近年，海洋環境の保全と持続可能な利用を通じた経済は「ブルーエコノミー」と呼ばれており，国際海運に関連する課題として，脱炭素化や海洋プラスチック汚染などに取り組む必要がある（小林 2021）．

このような国際物流における SDGs に対する主な取組みは，**表 10-1** のようにまとめることができる．本章では以降，国際物流における脱炭素化への対応，国際海運における脱炭素化と海洋環境の保全の取組みを紹介する．その上で，日本における脱炭素化や循環型社会への対応を紹介する．

表 10-1　国際物流における SDGs に対する取組み

項目	対象	具体的対策	対応する SDGs
気候変動対策	温室効果ガス	• 燃費改善，ゼロエミッション化	13. 気候変動に具体的な対策を
大気汚染対策	排気ガス （SOx, NOx, PM 等）	• 内燃機関の改善 • 良質燃料・代替燃料への切り替え	7. エネルギーをみんなにそしてクリーンに
海洋汚染対策	油など（国際海運）	• 油流出の未然防止，被害の最小化 • 汚水と廃棄物の処理	14. 海の豊かさを守ろう
生物多様性の配慮	バラスト水 （国際海運）	• 外来生物の越境移動の防止	
資源循環への対策	リサイクル	• 廃車・廃船の再資源化 • 解体時の環境・安全対策の徹底	12. つくる責任つかう責任

出所：日本船主協会（2021）に基づき筆者作成．

2　国際物流の脱炭素化への対応

（1）気候変動と脱炭素化

近年，気候変動に伴う地球規模での環境の変化から，農林水産業や自然生態系，水環境・水資源への深刻な影響とともに，災害の激甚化・頻発化が見られる．科学の進歩に伴い地球の大気の仕組みが明らかになり，1970 年代より気候変動が深刻な問題として科学者の中で注目されるようになった．気候変動を防ぐためには，原因となる温室効果ガス（GHG：Greenhouse Gas）の排出削減を進める必要がある．温室効果ガスの大部分を占める二酸化炭素（CO_2）は，石油や石炭，天然ガスなどの化石燃料に含まれる炭素（カーボン）が燃やされることで発生する．

化石燃料が用いられるすべての社会経済活動を対象として，地球規模で低炭素化・脱炭素化に取り組む必要がある．「低炭素」とは気候変動の最たる原因である二酸化炭素の排出量を削減することであり，「脱炭素」とは二酸化炭素の排出量を完全にゼロとすることである．一方，「カーボンニュートラル」とは二酸化炭素排出量を実質ゼロとすることで，経済活動による人為的な二酸化炭素の排出量と，植物の光合成による二酸化炭素の吸収量が均衡する状態である．近年では，ブルーカーボンと呼ばれる海洋生態系による炭素貯留の効果にも注目が集まっている．脱炭素社会を目指すために，森林や海洋環境の保全などカーボンニュートラルに関する活動を通じた対策も進められている．

世界的な気候変動対策は，国連の全加盟国が締結・参加している国連気候変動枠組条約（UNFCCC：United Nations Framework Convention on Climate Change）に基づき取り組まれており，大気中の温室効果ガス濃度の安定化を最終的な目標として掲げている．国際的な法的枠組みとして，第3回締約国会議（COP3, 1997年）において京都議定書，第21回締約国会議（COP21, 2015年）において後継となるパリ協定が採択された．パリ協定は2020年以降の気候変動問題に関する国際的な枠組みであり，発展途上国を含むすべての参加国・地域に排出削減の努力を求めることが特徴である．パリ協定では，世界の平均気温上昇を産業革命以前に比べて1.5℃に抑える努力をするという長期目標が定められ，2050年近辺までのカーボンニュートラルの実現が必要とされている．

（2）気候変動に対する国際物流への取組み

国際物流において，化石燃料を主に使用した船舶や飛行機の運航，港湾や空港の運営に伴い気候変動へ大きな影響を与えている一方，気候変動に伴う海水面の上昇や気象海象の変化など様々な影響を受けている．国際物流において，輸送手段毎の環境負荷としては，1度に大量の貨物を長距離運ぶことができる海運が最も低い．例として，貨物1tを1マイル輸送するのに排出される二酸化炭素としては，海運（大型コンテナ船，2万TEU型）が8g，陸運（15t超トラック）が185g，航空（貨物航空機）が2265gとなっている．

世界全体の温室効果ガス総排出量（2020年）は約335億tとなっており，内訳として，国際海運部門は7.0億t（2.1%），国際航空部門は5.8億t（1.8%）となっている．これらを合計すると，日本の11.3億t（3.2%）を超える大きさとなることから，国際運輸部門として脱炭素化に対する必要性が大変大きいことが分かる（日本船主協会 2021）．

国際海運及び国際航空のように国境を越えて活動する国際運輸部門における温室効果ガス排出対策については，船舶・航空機の船籍国や運航国による区分けが難しく，UNFCCCにおける国別の削減対策には馴染まないため，国連の専門機関である国際海事機関（IMO：International Marine Organization）と国際民間航空機関（ICAO：International Civil Aviation Organization）が主体となり，2050年以降を見据えた長期的な温室効果ガス削減目標の策定・達成に向けた取組みが進められている．IMOは，船舶の安全及び船舶からの海洋汚染の防止等，海事問題に関する国際協力を促進するための国連の専門機関である．国際海運における環境対策は，次節以降において詳細に説明する．

（3）国際航空における脱炭素化

ICAOは，国際航空における運送業務や安全・保安，環境問題等において，国際協力を促進するための国連の専門機関である．ICAOでは2010年に，世界的な脱炭素化に向けた推進目標として，①2050年まで年平均2％の燃費効率改善を行うこと，②2020年以降，温室効果ガスの排出を増加させないことを採択した．

一方，民間の航空会社等で構成されている国際航空運送協会（IATA：International Air Transport Association）では2021年に，2050年にカーボンニュートラルを実現する目標を採択した．使用済みの調理油などの再生可能なエネルギー源から生産されるジェット燃料である持続可能な航空燃料（SAF：Sustainable Aviation Fuel）の普及に向けた取組みが進められている．

3　国際海運における環境対策

（1）国際海運における国際的枠組み

国際海運は生活を支える重要なインフラであり，船舶に関する環境問題は，国内の港湾や海辺だけでなく，地球全体の問題として取り組む必要がある．近年，国際海運の輸送量の増加傾向が見られており，持続可能な国際海運に向けた環境対策が世界的に進められている．

国際海運において，船舶からは化石燃料を燃焼する内燃機関からの排気ガスが排出され，温室効果ガスだけでなく，人体にとって有毒となる物質も含まれることから，大気汚染をもたらすこととなる．また，船舶は海洋を航行するこ

表 10-2　船舶汚染防止国際条約（MARPOL 条約）の附属書

附属書	対象
Ⅰ	油による汚染
Ⅱ	ばら積みの有害液体物質による汚染
Ⅲ	容器に収納した状態で海上において運送される有害物質による汚染
Ⅳ	船舶からの汚水による汚染
Ⅴ	船舶からの廃棄物による汚染
Ⅵ	船舶からの大気汚染

出所：国土交通省 HP に基づき筆者作成.

とから，海洋環境に対しても大きな影響を及ぼす.

船舶汚染防止国際条約（MARPOL：International Convention for the Prevention of Pollution from Ships）では，船舶からの規制物質の排出の禁止とその通報義務，手続きについて規定している．各規制物質に対する対応は，**表 10-2** のような附属書において明記されている．MARPOL 条約は，第 2 次世界大戦後における油など有害物質の海上輸送の増大とともに，タンカーによる油流出事故など船舶を発生源とする海洋汚染の危険性について国際的な関心が高まったことが契機となり，1973 年に IMO において採択された．その後，沿岸国の環境保護に対する関心が高まりを受け，海洋汚染に対する規制物資の追加とともに，船舶からの排気ガスによる大気汚染への対策が盛り込まれた．また，近年関心の高まっている海洋プラスチックごみについては，2013 年に附属書Ⅴが改正され，プラスチックごみも対象として禁止されることとなった.

（2）国際海運における脱炭素化

IMO では，船舶に対する環境規制の強化を通じて，船舶から排出される温室効果ガスの削減に向けた様々な取組みが行われている．二酸化炭素を含む大気汚染物質の船舶からの排出規制については，**表 10-2** のように MARPOL 条約附属書Ⅵに定めている．そして，2013 年からの新造船の燃費規制，2019 年からの燃料消費実績報告制度（DCS：Data Collection System）などによる省エネ運行の促進が進められてきた．そして，2018 年に決議された「IMO GHG 削減戦略」においては，2008 年を基準年として，① 2030 年までに単位輸送量あたり排出量40%以上削減，②2050年までにGHG総排出量50%以上削減，③今世紀中なるべく早期にGHG排出ゼロ，という数値目標が掲げられた．

この目標達成に向けて，船舶の省エネ運航の促進とともに，化石燃料を中心とする従来の燃料から，水素やアンモニアのような低・脱炭素となる代替燃料，蓄電池等への転換が想定されている．また，代替燃料の普及促進のためには，陸上における燃料供給体制の整備も必要となる．こうした国際海運の脱炭素化への取組みを，船舶融資の意思決定に組み込むため，ポセイドン原則（Poseidon Principles）が2019年に金融機関を中心に設立された．

欧州連合（EU：European Union）は，域内における排出規制に関して活発的に取り組んでいる．域内を発着する船舶に対する二酸化炭素排出量等について，IMOによるDCSと同様の運航データ報告制度（EU-MRV：Monitoring, Reporting and Verification）として，2018年より報告が義務付けられた．さらに，2005年よりEU域内で導入されている排出権取引制度（EU-ETS：Emissions Trading System）について，国際海運も対象として適用することが検討されている．

日本は世界有数の海運・造船大国として，海上貿易や海事産業の持続的な発展を図りつつ，気候変動に対処するための国際的な取組みに積極的に貢献してきた．そして，更なる低・脱炭素化に向けて，「国際海運GHGゼロエミッションプロジェクト」が2018年に産学官公の連携により設立され，対2008年比で90〜100%の効率改善を達成する船舶（ゼロエミッション船）の商業運航の早期実現を目指した技術開発を進めている（国際海運GHGゼロエミッションプロジェクト 2020）．

（3）船舶からの大気汚染物質の排出規制

大気汚染物質とは，地球を取り巻くガス状，粒子状物質の中で，人，動植物，生活環境にとって好ましくない影響を与えるものと定義されている．船舶運航の際に排出される主な大気汚染物質とその人体への影響は，表10-3のようにまとめることができる．硫黄酸化物（SOx）は燃料油中の硫黄分が燃焼する際に発生し，硫黄分濃度の上限によって規制されている．また，すす，未燃燃料の凝縮物，硫黄化合物等で構成される粒子状物質（PM）も硫黄に由来する．窒素酸化物（NOx）の排出規制は，排気ガス中に含まれるNOxの排出量を規制

表 10-3　船舶から排出される主要な大気汚染物質

物質名	人体への影響
硫黄酸化物（SOx）	ぜん息，酸性雨
窒素酸化物（NOx）	呼吸器障害，酸性雨
微小粒子状物質（$PM_{2.5}$）	呼吸器疾患，肺がん
浮遊粒子状物質（PM_{10}）	ガン，花粉症などのアレルギー
一酸化炭素（CO）	めまい，全身倦怠
非メタン炭化水素（NMVOC）	光化学スモッグの生成原因
ブラックカーボン（BC）	温暖化物質かつ大気汚染物質（発ガン性など）の効果を持つ

出所：各種情報に基づき筆者作成.

するもので，その基準値はエンジンの回転数と船舶建造年に応じて定められる.

IMO では排出規制海域（ECA：Emission Control Area）を制定することで主要な大気汚染物質の排出を抑える取組みを行っている．ECA は海域を管轄する国が，ECA の地理的範囲を指定する条約案を提案し，IMO の審議，承認及び採択を経て決定される.

（4）海洋環境，生物多様性，資源循環への取組み

海洋環境保全について国家の権利と義務を規定している国連海洋法条約（正式名称：海洋法に関する国際連合条約）については，日本は 1996 年に条約を批准し，2020 年には 167 カ国及び EU が締結している．同条約では海洋汚染を，① 陸からの汚染，② 投棄による汚染，③ 船舶からの汚染，④ 大気を通じての汚染，⑤ タンカー事故や戦争に分類している．国際海運と大きく関係するのは，船舶からの汚染として，船舶の運行に伴って生じる油，有害液体物質，廃棄物などの排出による汚染とともに，タンカー事故が挙げられる.

海洋環境保護や生物多様性の保持のために，各汚染物質の船舶からの排出については，表 10-2 のように MARPOL 条約附属書 I から V に定められている．そして，IMO により船舶のバラスト水管理や海洋環境を損なう恐れのある防汚塗料の使用禁止，船舶のリサイクルに関する取り決めが規定されている.

バラスト水とは，大型船舶において積載貨物が少ない状態での航行時の安定性を高めるために船内に貯留する海水である．到着港で貨物を積む際にバラス

ト水が放出されるため，バラスト水に含まれる様々な水生生物も一緒に放出され，外来種として生態系への悪影響を及ぼす問題が生じる．そこで，IMOはバラスト水管理条約（International Convention for the Control and Management of Ships' Ballast Water and Sediments, 2004）を2017年に発効した．同条約では，バラスト水に含まれる水生生物等を除去や無害化，バラスト水の船舶積載・排出時の管理等が規定されている．その他の取組みとして，バラスト水と沖合の海水との交換，バラスト水の排水のない船型（ノンバラスト船）の開発が進められている．

運用を終えた巨大な船舶の廃船に際しては，労働力が豊富な発展途上国において解体されることが多く，労働災害や有害物質による環境汚染が問題とされてきた．こうした問題に対応するために，シップリサイクル条約（Hong Kong International Convention for the Safe and Environmentally Sound Recycling of Ships, 2009）がIMOにおいて2009年に採択された．船舶には良質な鉄鋼材料で構成されていることから，適切なリサイクル処理により資源の再利用が進められている．

4　港湾における取組み

（1）港湾における環境対策

港湾は都市圏に立地していることから，近隣住民の健康被害をもたらす内燃機関からの排気ガスによる大気汚染物質の削減が永年に渡り重要な課題であった．一方，国際的な脱炭素化に向けた動きに積極的に対応し，脱炭素化に配慮した港湾機能の高度化を進めることで，港湾の競争力の強化や新たな産業の立地競争力の強化に繋がることが期待できる．

港湾における国際的な環境対策として，世界の港湾管理者と港湾関係者が集まる国際団体である国際港湾協会（IAPH：International Association of Ports and Harbors）により，港湾地域での大気環境の改善を図るプログラムとしてWPCI（World Ports Climate Initiative）が2008年に結成された．海運からの温室効果ガスの削減と環境に配慮した船舶の寄港促進を目的とした認証制度として，ESI（Environmental Shipping Index）が制定され，参加港湾等は環境負荷の少ない船舶に対して入港料減免などのインセンティブを与えた．その後，SDGs実現に寄与するためにWPSP（World Ports Sustainability Program）へと2017年に改組され，港湾における持続可能性を対象としたWPCAP（World Ports Climate Action Program）において具体的な対策が進められている．

（2）港湾における脱炭素化の取組み

港湾における停泊中の船舶から出る二酸化炭素を含めた排気ガス削減の取組みとして，陸上電力供給システム（陸電）の導入が進められている．陸電とは，停泊中の船舶に陸上商用電源を供給することで，船内発電機エンジンを停止させる設備である．RORO船，クルーズ船，コンテナ船等の主要な船種を対象として国際的な標準規格（IEC/ISO/IEEE80005-1）が定められており，世界中を寄港する船舶に対する陸電の利用環境が整えられてきた．なお陸電は，国際的にはAMP（Alternative Maritime Power）と呼ばれている．

そして，低炭素化や脱炭素化に対応した新たな船舶燃料の貯蔵・供給設備の整備を進める必要がある．低炭素化に対して，環境負荷の少ない液化天然ガス（LNG：Liquefied Natural Gas）を燃料とする船舶に対する燃料供給（LNGバンカリング）への対応が進められている．さらに将来的な脱炭素化に向けて，水素・燃料アンモニア等の大量・安定・安価な輸入や貯蔵等を可能とする受入環境等の整備が進められている．

港湾地域の面的・効率的な脱炭素化として，港湾荷役機械や港湾に出入りする大型車両等の水素・アンモニア燃料化，電動化（再エネ由来電力利用），省エネ化（ハイブリッド，電力回生）などの取組みが進められている．また，デジタル物流システムによる情報提供を通じて，ゲート前におけるトレーラの待機行列の削減に大きく貢献している．さらに，ブルーカーボンとして海洋生態系による炭素貯留の効果があることから，港湾域内における海藻藻場の造成・再生・保全が進められることが期待される．

Column

港湾における環境対策の先進例

持続可能な経済成長を支える港湾における環境対策の世界的な先進例として，米国カリフォルニア州の事例を紹介する．太平洋に面した米国西海岸のサンペドロ湾には，ロサンゼルス港とロングビーチ港が隣接して位置しており，合計すると世界第10位にランクインする米国最大のコンテナ港である．両港は競合関係にある一方，広域的・長期的な対策が必要となる環境問題やインフラ整備等に関しては協力体制を構築してきた．

港湾が大都市圏に立地していることから，近隣住民の健康被害をもたらす内燃機関からの排気ガスによる大気汚染物質の削減を中心に，サンペドロ湾大気清浄化活動計画（CAAP：San Pedro Bay Ports Clean Air Action Plan）が策定されており，港湾に出入りする大型トラックや外航船，荷役機械，港内艇，鉄道機関車等を対象として様々な環境対策が取られてきた．そのため，港湾のみならず，広域的かつ長期的な視野に立ち，最新の技術的動向を踏まえつつ，近隣住民を含めた様々な関係主体との意見を取り込んだ環境対策が行われてきた．

両港から全米各地へは環境負荷の低い貨物鉄道を利用した複合一貫輸送が行われている．2002年に開通した地下貨物専用線であるアラメダ・コリドー（Alameda Corridor）を経由して主要幹線と結ばれており，両港における輸入コンテナの輸送手段別分担率は，鉄道利用が2/3を占めている．船舶から鉄道へのコンテナの積み替えにおいて，港湾ターミナル内への引き込み線における積み替えを行うオンドック（On-dock）方式の整備が進められている．特徴としては，ドレージが不要となり，効率性，環境親和性ともに高い一方，港湾ターミナル内の蔵置容量減少や動線交錯等による処理能力が低下する欠点がある．一方，オンドックの割合は1/4とまだまだ低いため，港湾ターミナル内の施設整備を進めることで，貨物鉄道の更なる利用推進とともに，港頭地区におけるドレージの削減に伴う環境負荷の更なる低減が期待されている．

5 持続可能な物流に向けた日本の取組み

(1) 日本における運輸部門における取組み

日本においても，京都議定書の採択を契機として，温室効果ガス排出量の削減に向けた運輸部門や民生部門等の部門ごとに目標値を定め，それを達成するための各種対策を進めてきた．2050年までにカーボンニュートラル，脱炭素社会の実現に向けて，「2050年カーボンニュートラルに伴うグリーン成長戦略」を策定した．これは，14の重要分野ごとに目標，課題，今後の取組み，予算，規制改革等あらゆる政策を盛り込んだ実行計画となっている．

日本における二酸化炭素排出量（2019年度，11億800万t）のうち，運輸部門からの排出量（2億600万t）が日本全体の約19%を占めており，産業部門に次ぐ大きさとなっている．輸送機関としては，自動車全体が運輸部門の86%（日本全体の16%）を占めており，自動車からの排出規制が急務であることが分かる．そのうち，貨物自動車（トラック）については，運輸部門の37%（日本全体の7%）を占めており，トラック輸送による環境負荷がかなり大きいことが分かる．持続可能な社会の実現に向け，サプライチェーン全体の観点からグリーンロジスティクスとして低炭素化・脱炭素化の促進を取り組む必要があり，自動車や鉄道，船舶，航空などの個別の輸送機関とともに，港湾や空港，物流施設において，天然ガスや水素等の代替エネルギーへの転換が進められている．日本の港湾における取組みについては，中長期政策（PORT2030）を中心に山縣・加藤（2020）にて詳しく紹介されている．

また，少子高齢化に伴う労働力不足に対応するために，物流業界として魅力ある労働環境の整備が進められている．女性や高齢者でも働きやすい現場を目指した「ホワイト物流推進運動」を2019年より進めており，物流企業と荷主企業が協力して生産性の向上と業務効率化を進めている（ホワイト物流HP）．

(2) グリーンロジスティクス

物流分野における気候変動対策は，企業の自主的な取組みを進める上で，市場メカニズムを活用することが重要である．そのため，物流分野の環境負荷低

表10-4　物流における環境負荷低減に対する主な施策

目的	項目	主な施策
省エネ・二酸化炭素排出削減	燃費・二酸化炭素排出原単位改善	エコドライブの推進
		ハード対応（低公害化，低炭素化・脱炭素化）
		モーダルシフトの推進
	走行距離削減	拠点配置の見直し
		輸送計画の見直し
		輸送回数の削減
	積載率向上	物流単位と発注単位の整合化
		積載数増のための工夫
資源循環・廃棄物削減	リデュース	包装資材の削減
		不動・不良在庫の削減
	リユース・リサイクル	回収品の再利用

出所：日本ロジスティクスシステム協会 HP を基に筆者作成.

減を経営の重要課題として認識した上で，物流企業における環境負荷の低減とともに，業種業態の域を超えた荷主企業と広く連携し，互いに協働することが重要とされている．そこで，「グリーン物流パートナーシップ会議」が2005年に設立され，環境負荷の低減や物流の生産性向上等のような持続可能な物流体系の構築に資する取組みを対象とした優良事業の表彰などにより，民間企業の自主的な取組みを支援している（グリーン物流パートナーシップ会議 HP）.

物流において実施すべき主な環境負荷低減施策として，表10-4のような項目が挙げられる．主な取組みとして，トラック輸送の共同化・大型化による積載効率向上，鉄道・海運の利便性向上とモーダルシフトの推進，ゼロエミッションや自動化機器・システムなど新技術の導入などの取組みが進められてきた．更なる物流に係る燃料消費を削減するために，荷主と物流事業者が互いに連携することにより，ビジネスモデルの再構築などを進めることが重要となる（日本ロジスティクスシステム協会 HP）.

（3）モーダルシフトによる複合一貫輸送の確立

持続可能な長距離輸送において，鉄道や海運へのモーダルシフトの推進や国際物流における内航船や鉄道によるフィーダー輸送の活用等，輸送機関をまたいだ複合一貫輸送による取組みが重要である．モーダルシフトとは，トラック等の自動車で行われている貨物輸送を環境負荷の小さい鉄道や船舶の利用へと転換することである．低炭素化に向けて，主要な二酸化炭素の排出源となっているトラック輸送からのモーダルシフトは非常に有効である．単位輸送量あたりの二酸化炭素排出量（トンキロベース，2019 年度）は，トラックに対して鉄道が約 13 分の 1，船舶が約 5 分の 1 である．また，長距離輸送においてフェリー・RORO 船やコンテナ船等の活用することで，近年大きな問題となっているトラックドライバーの労働力不足の解消や災害時における安定的な物流網確保への対応になる．今後は，中・短距離輸送でも実施されるような取組みが重要となる．

演習問題

1．持続可能な開発目標（SDGs）について，国際物流に関連する企業の事例を 1 つ選び，その概要をまとめた上で考察せよ．
2．国際物流における環境負荷低減に関して，表 10-4 で挙げられた施策に関する事例を 1 つ選び，その概要をまとめた上で考察せよ．

第11章

国際物流とコールドチェーン

本章では，国際物流において近年のニーズが急拡大している温度管理や鮮度管理など輸送品質に関する新たな取組みについて紹介する．

1 国際物流における温度・品質・衛生管理

(1) 温度管理の必要性

コールドチェーン（Cold Chain）とは，冷凍・冷蔵によって低温を保ちつつ，食品や医薬品等を品質や鮮度を保ったまま生産者から消費者まで一貫して流通させるしくみである．具体的には，生産・収穫から消費者に届けるまでの間に，陸路・海路・空路による長距離・長時間の輸送，市場や物流施設などにおける選別，包装，流通加工，荷役などの各種作業が行われており，輸送や作業の各工程において適切な温度や湿度の環境下で対応する必要がある．そして，商品の特性に合わせた適切な温度管理を通じて，輸送中の品質の低下を最小限に抑えるとともに，販売期間と商品価値の極大化をもたらすこととなる．

対象の品目としては，農水産品を中心とした生鮮食品や医薬品，化学品などとなっており，少量高価から大量安価の商品まで様々であるが，いずれも温度・湿度管理，衛生管理などの高度な輸送品質の管理が必要となる商品である．生鮮食品については，微生物・細菌による発酵・腐敗，酸化による化学変化，自らの酵素による分解，乾燥など，様々な品質変化がもたらされる．低温維持の効果として，食肉，水産物ではバクテリアの繁殖による腐敗を遅らせること，果実，野菜等では収穫後の呼吸を抑制させることにより熟成，腐敗を遅らせることが可能となる．医薬品については，温度変化による特性変異が顕著にみられるため，特定の温度での適切な管理が必要不可欠となる．化学品については，高温による化学的変質に伴い，化学物質の発火や爆発などの危険性もある．

国際物流においては，近年盛んに取り組まれている農水産品を中心とした生鮮食品の輸出促進，新型コロナウイルスの感染拡大に伴うワクチン輸送に見られる医薬品の輸入増加など，市場が急拡大している．その一方，輸送が長距離になるとともに，通関や検疫などの輸出入手続きが必要になることから，より高度な対応が必要となる．また，CA（Controlled Atmosphere）と呼ばれる鮮度管理における新技術も活用されるなど，海上輸送による大ロットかつ長距離の輸送にも対応した高度化が進められている．

コールドチェーンに関する文献として，日本におけるコールドチェーンの現状（森・横見・石田 2013）や世界的なコールドチェーン構築の歴史（ジャクソン 2022）などにおいて詳細にまとめられている．

（2）コールドチェーンの概要

一般的な流通経路は，ノード（港湾，市場，倉庫，物流センター等の施設）とリンク（トラック，鉄道，船舶，飛行機等の輸送機関）で構成される．コールドチェーンにおいては，ノードとして製氷，冷蔵，冷凍，凍結などの機能を有する倉庫，リンクとして冷蔵，冷凍，保冷などの機能を有したトラックやコンテナなどの輸送機材で構成される．

温度指定として，「常温」（ドライ）・「冷蔵」（チルド）・「冷凍」（フローズン）の3温度帯が用いられる．温度帯の区分や呼称に明確な定義はないが，一般的には，常温は10から20℃，冷蔵は−5から5℃，冷凍は−15℃以下とされている．近年では，常温においてある特定の温度を保ち続ける管理区分である「定温」を加えた4温度帯が用いられている．これらの温度帯については，**表11-1**のようにまとめることができる．

冷蔵倉庫とは，倉庫業法施行規則で定める第八類物品（生鮮品および凍結品等の加工品，その他10℃以下での保管が適当なもの）を保管する倉庫である．営業倉庫において，**表11-1**のように大きくC級（チルド）とF級（フローズン）に分けられており，それぞれ適した温度帯で保管されている．定温倉庫とは，品質保持のために温度・湿度を一定範囲に保つ機能を有した倉庫であり，温度帯の明確な定義はなされていないが，倉庫業法では営業倉庫において普通倉庫に分類さ

表 11-1　コールドチェーンにおける 4 温度帯の主な区分

分類			温度帯	対象商品
定温			10～20 ℃	温度指定が必要な商品
常温			10～15 ℃	
冷蔵		チルド	−5～5 ℃	乳製品，精肉
		氷温	−3～0 ℃	鮮魚，漬物
		パーシャル	−3 ℃	鮮魚，刺身，一部精肉
冷凍	C 級	C 1 級	−20～−10 ℃	業務用冷凍食品
	F 級	F 1 級	−30～−20 ℃	冷凍肉，アイスクリーム
		F 2 級	−40～−30 ℃	冷凍肉，冷凍魚
		F 3 級	−50～−40 ℃	冷凍魚（カツオ）
		F 4 級	−50 ℃以下	冷凍魚（マグロ）

出所：生出 HP を基に筆者作成．

れる．冷蔵倉庫の現状については，日本冷凍空調学会（2012）において詳細にまとめられている．

なお，食品衛生法では，生鮮食料品を中心に保存方法の基準が定められている．冷凍食品の保存温度は，食品衛生法では −15 ℃以下，日本農林規格（JAS）では −18 ℃以下と定義されている．また，家庭用冷凍冷蔵庫について，消費電力量を測定する際の庫内温度は，日本工業規格（JISC9801）では，冷蔵室は 4 ℃以下，冷凍室は −18 ℃以下と定義されている．

（3）医薬品流通における品質管理

医薬品流通での高品質なサプライチェーン構築に向けて，医薬品の引受から納品まで一貫した品質維持に向けた取組みが世界的に進められている．欧州や世界保健機関（WHO：World Health Organization）などによって 1990 年代から，医薬品の流通過程における品質を保証する規格である GDP（Good Distribution Practice）ガイドラインが制定されてきた．GDP では製造業者からユーザー（薬局や店舗，医療機関など）まで，国際物流を含めたすべての流通過程を対象としている．

日本においては，医薬品の偽造品の流通事件を背景として，高水準の品質保証の維持と医薬品流通過程の完全性を保証するため，2018 年に「医薬品の適正流通（GDP）ガイドライン」として発出された．本ガイドラインは，① 品質マネジメント，② 職員，③ 施設及び機器，④ 文章化，⑤ 業務の実施，⑥ 苦情，返品，偽造の疑いのある医薬品及び回収，⑦ 外部委託業務，⑧ 自己点検，⑨ 輸送の全9章から構成されており，日本製薬団体連合会品質委員会（2019）において詳細な解説がなされている．GDP に準拠した医薬品等を取り扱う物流施設における代表的な管理項目としては，教育訓練記録簿の作成，防虫対策とともに温度管理が挙げられている（損害保険ジャパン日本興亜 2019）．航空輸送における医薬品の温度管理を含む品質管理については，本章第2節で紹介する．日本における医薬品における物流業務と GDP の活用については，The ロジスティシャンズ（2021）において詳細にまとめられている．

（4）食品流通における衛生管理

生鮮食品を含む食品を扱う際には，高度な衛生管理が重要となる．HACCP（Hazard Analysis and Critical Control Point）とは「ハサップ」と呼ばれる食品の安全性を確保する衛生管理手法であり，製造時における食中毒菌汚染等の危害要因をあらかじめ把握し，原料入荷から製品出荷までの全工程を継続的に管理・記録することが求められている．HACCP は食品の安全性をより高めるシステムとして，国際連合食糧農業機関（FAO：Food and Agriculture Organization of the United Nations）と WHO の合同機関である国際食品規格委員会（コーデックス委員会）により 1993 年に提言され，国際的に食品事業者での採用が推奨されてきた．HACCP を衛生基準として求める諸外国への輸出促進のために，輸出先国が求める HACCP に対応した国内における輸出環境の整備が重要となる．

そこで日本では，食品衛生法の改正（2020 年施行）に伴い，2021 年よりフードチェーン全体で HACCP に沿った衛生管理への対応が義務化された．対象となる食品等事業者には，国内での貯蔵・運搬段階において食品を扱う物流事業者が含まれており，**図 11-1** のような製品が顧客に届くまでの各工程における監視・記録（温度や時間の管理など）が求められている（三井住友海上火災保険 2021）．そのため，温度管理を必要とする冷凍・冷蔵倉庫棟における HACCP 導入から運用までの手引き（日本冷蔵倉庫協会 2018）がまとめられている．

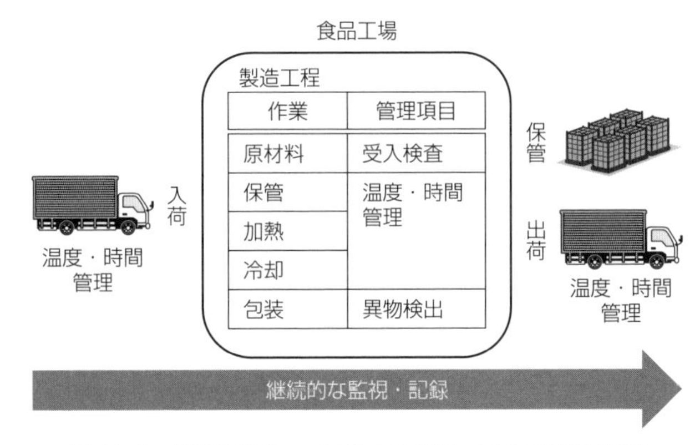

図11-1　流通過程におけるHACCPによる衛生管理

出所：各種資料を基に筆者作成.

2 国際物流における温度管理

(1) 国際的なコールドチェーンの構築

生鮮食品や医薬品について，今後も輸入の増加が見込まれているとともに，輸出の拡大に向けた取組みが進められていることから，国際物流におけるコールドチェーンの発展も期待されている．コールドチェーン全体において，輸送機関や容器などのリンクのみならず，港湾や空港，物流施設といったノードにおいても，コールドチェーンに関連する設備の整備が進められている．

航空輸送は，高速に輸送することが可能であるため，鮮度保持を行いやすい一方，小ロットかつ運賃が高額であることが大きな問題である．一方，海上輸送は大ロットかつ運賃が安価である一方，時間がかかることから鮮度保持に対応が必要となる．そのため，輸送する対象の品目の特性を考慮した上で，適切な輸送機関を選択することが重要である．

(2) 航空輸送

航空貨物は第4章にて紹介したように，高付加価値貨物が運ばれており，温度管理が必要な品目が多く含まれている．例えば，世界各地で水揚げされた生マグロを空輸することで，冷凍をせずに鮮度を保ったまま輸送することができ

表 11-2　航空輸送における温度管理コンテナ

大分類	タイプ	概要
アクティブ（電源式）	充電タイプ	• 地上施設で充電したバッテリーによる厳格なコントロールのもとに定温を維持する. • プラス温度帯のみ
	ドライアイスタイプ	• 乾電池によるファンの駆動を利用しドライアイスから発生する冷気をコンテナ庫内に行き渡らせる. • 冷凍輸送への対応
パッシブ（非電源式）	蓄熱材タイプ	• 潜熱蓄熱材の融解／凝固作用を利用し，庫内を定温に保つ.
	カバータイプ	• 特殊断熱材を使用した航空輸送用保温カバーを用いて，凍結や高温を防ぐ. • 常温帯での輸送

出所：日本航空 HP を基に作成.

る．また，新型コロナウイルスに対応するワクチンの航空輸送では，輸送時の厳格な時間や温度の管理など高度な品質管理を行われた．

航空輸送における定温を含めたコールドチェーンとしては，温度管理コンテナの活用が挙げられる．空港の上屋に搬入された貨物は，直射日光・外気を極力避けた環境で積付が行われ，指定の温度にセットした温度管理コンテナに積付が行われる．その後，上屋搬出から航空機への搭載まで温度管理された状態を保った上で，搬送に要する時間は最小限にとどめることが重要である．温度管理コンテナは，**表 11-2** のように，庫内の定温維持への電源利用の有無による分類があり，輸送品目の特性に応じて使用するコンテナが選ばれる．

空港において，生鮮食品や医薬品等を対象に様々な温度帯の貨物への対応が進められている．例えば，シンガポールでは，高温多湿な気候に対応したコールドチェーンを構築する必要があることから，チャンギ空港において対応の定温上屋 Coolport が 2010 年に稼働している．日本では，関西国際空港により医薬品のためのクールチェーンの構築が積極的に進められている．まず日本の空港では初めてとなる医薬品専用共同定温庫である KIX-Medica が 2010 年に稼働した．KIX-Medica の倉庫内は，一定温度（20 度と 5 度）となるように設定されている．そして，**図 11-2** のような温度管理が出来る搬送具である保冷ドーリーが 2012 年に導入され，搬送時においても荷室内が一定温度（20～25 度）

図 11-2　医薬品専用共同定温庫と保冷ドーリー
出所：筆者撮影（関西空港）.

に保たれるようになった．さらに，航空会社や貨物ハンドリング会社，フォワーダー，陸運事業者等で構成される KIX Pharma コミュニティが 2017 年に設立され，同空港にて後述する CEIV ファーマの取得を目指す企業への支援を行っている．

航空業界において，IATA による品質認証プログラムとして，医薬品輸送では The Center of Excellence for Independent Validation in Pharmaceutical Logistics（CEIV ファーマ），生鮮貨物輸送では The Center of Excellence for Perishable Logistics（CEIV フレッシュ）が定められた（IATA HP）．CEIV ファーマは本章第 1 節で紹介した GDP ガイドラインに対応した国際規格となっており，医薬品輸送における安全性，セキュリティ，コンプライアンス，効率性を確保している．特に温度管理に関しては，Temperature Control Regulations（TCR）として，温度範囲，包装，文書・ラベリング，リスク管理，品質管理，環境への配慮などの項目が定められている．一方，CEIV フレッシュについては，食品，花卉などの生鮮貨物を対象とした高い鮮度保持の品質を保証するために，Perishable Cargo Regulations（PCR）が定められている．

（3）海上輸送

温度管理が可能な海上コンテナは，第 3 章でも紹介した通り，リーファーコンテナ（Reefer Container）と呼ばれている．通常の海上コンテナとは主要な諸

図 11-3　コンテナ埠頭におけるリーファーコンテナ用蔵置スペース
出所：筆者撮影（大阪港）.

元はほぼ同一であるが，リーファーコンテナは庫内の温度維持のために冷凍機を内蔵し，外側に冷気が逃げにくくするために断熱材で囲まれている．3温度帯輸送に対応した温度管理として，一般的に－30℃から＋30℃の範囲で，0.1℃単位での設定が可能である．なお，電圧は国際的に用いられている440Vであるので，日本国内で使用する場合は220Vに変更する必要がある．対象としては，生鮮食品とともに，温度変化に敏感な貨物や一定の温度管理が必要な貨物（医薬品やフィルム，ワイン等）が挙げられる．ベンチレーター（換気口）を通じて，開度を調整することにより新鮮な空気を供給可能である．

輸送や荷役においても，通常の海上コンテナとほぼ同様の機材を用いることが可能である．コンテナ埠頭における蔵置において，**図 11-3** のようにリーファーコンテナへの電源供給設備を有した区画が設定されており，コンテナ側の電源コードを受電口に差し込むことで，冷凍機への電源が供給される．海上輸送においては，電源供給設備を有した区画に積載することで，船舶から電源供給がなされる．陸上輸送においては，通常の海上コンテナ用のトレーラー（シャーシ）に積載されるが，輸送中はMG（Motor Generator）と呼ばれる発電機が用いられる．

（4）CAによる鮮度管理

鮮度管理の技術であるCA（Controlled Atmosphere）を活用して，通常のリーファーコンテナに窒素ガス発生装置を装備したCAコンテナが，主に青果物を対象とした海上輸送において利用されている．青果物の呼吸により変化するコンテナ内の酸素および二酸化炭素の空気組成をコントロールすることで，輸送対象の青果物に適合する空気組成と低温状態を維持することが可能となり，青果物の呼吸を抑制し鮮度を保持したまま輸送することが可能である．CA輸送の対象としては，① 成長ホルモン（エチレンガス）の発生が多い青果物（バナナ，アボカド，キウイ），② 熟成しはじめに呼吸量が増え，熟成期の後半にピークになったのちに劣化する青果物（リンゴ）が挙げられる．これらの青果物に対して，呼吸量が増える前に収穫し，輸送中はCAで熟成を抑えることで，かなり長期の輸送と保管が可能となる（大坪 2011）．

3　海外市場への進出を支えるコールドチェーンの新展開 —

（1）海外市場の拡大

これまで日本の農林水産業や食品産業は国内市場に大きく依存してきたが，近年では成長する海外市場への進出への取組みが進められ，生鮮食品の輸出額は増加を続けている．背景として，国内の少子高齢化の進展に伴う消費市場の長期的な低迷が進む一方，アジアを中心に海外の所得水準の向上と生活様式の多様化とともに，訪日外国人の増加等を通じて日本産品の認知が広がることで，より高品質な商品を購買する意欲が高まっていることが挙げられる．具体的には，近年のインドネシアやフィリピン，ベトナム等のASEAN諸国における所得水準は，日本のコールドチェーンの普及の初期段階（1965年頃）に近い水準であることから，今後も冷蔵・冷凍食品の需要が増加することが見込まれる．

一方，コールドチェーンの国際展開における課題は，**表11-3**のようにまとめられており，これら課題への対策が必要とされてきた．生鮮品輸出の積極的展開に向けて，産地や流通などの関係者が連携して様々な取組みを進める上で，国内外における必要な物流システムの整備は重要である．

表 11-3　コールドチェーンの国際展開における課題

対象	分類	項目
コールドチェーン	情報の寸断	• 温度管理，トレーサビリティ
	現地インフラの不足	• 保冷倉庫の不足 • 道路インフラの課題
	現地保冷機材の課題	• 輸送トラックの品質 • 冷媒や蓄熱材の品質
	業者間の管理基準のバラつき	• 運用と情報インターフェースが業者間で異なる
物流	自動化・省人化	• 労働力不足（先進国） • 労働の質の均一化（新興国）
	マネジメント教育，人材育成	• コールドチェーンのスキル等

出所：産業競争力懇談会（2021）を基に筆者作成.

（2）政府による輸出支援の取組み

生鮮食品の輸出立国を実現するため，日本では2020年に策定された「農林水産物・食品の輸出拡大実行戦略」に基づき，輸出先のニーズや規制に対応する産地が連携して取り組む大ロット・高品質・効率的な輸出を支援する体制が構築されている．具体的には，輸出のための集荷等の拠点となるHACCP対応の物流施設の整備・活用，港湾や空港の利活用や輸出促進に資する港湾施設の整備，海外におけるコールドチェーンの拠点整備・確保が挙げられている（関係閣僚会議 2022）.

特に環境負荷の少ない海上輸送に対して，本章第2節で紹介したリーファーコンテナを利用した輸出環境の整備として，特定農林水産物・食品輸出促進港湾（産直港湾）の整備が2021年度より進められている．具体的には，農林水産物・食品の輸出産地による海外への直航サービスを活用した輸出を促進するために，国土交通省と農林水産省が連携して，温度・衛生管理が可能な輸出用の積合せ施設やリーファーコンテナ用の電源供給設備等の整備を促進している．

また，鮮度保持・品質管理や物流効率化のための規格化や標準化に向けた取組みとして，後述するコールドチェーン物流サービスの国際標準規格の普及，物流に関する規制やインフラ等の改善に向けた各国政府に対する働きかけ，海外向け輸送に適した包材の規格化に関する検討と支援が行われている．

（3）小口保冷配送サービス

中国・ASEANなどのアジア諸国等では，電子商取引市場の急激な拡大に伴い，生鮮食品等を小口で一般家庭等へ運ぶ保冷配送サービスの需要が高まっている．小口保冷配送サービスにおいて，荷物の引受けから何度かの積替えを経て配達先まで一定の温度を保った配送を行う必要があることから，保冷配送サービスの国際標準規格の普及を通じて，温度管理を中心としたサービスの質を適切に評価し，消費者からの信頼確保を行うことが可能となる．

小口保冷配送サービスの国際標準規格であるISO23412（温度管理保冷配送サービス－輸送過程での積替えを伴う荷物の陸送）は，2020年に発行された．図11-4のような輸送過程で積替えを伴う保冷荷物の陸送において適切な温度管理を実現するための作業項目として，保冷配送サービスの定義，輸送ネットワークの構築，保冷荷物の取り扱い，事業所・保冷車両・保冷庫・冷却剤の条件，作業指示書とマニュアル，スタッフへの教育訓練，保冷配送サービスの監視と改善が挙げられている（経済産業省HP）．

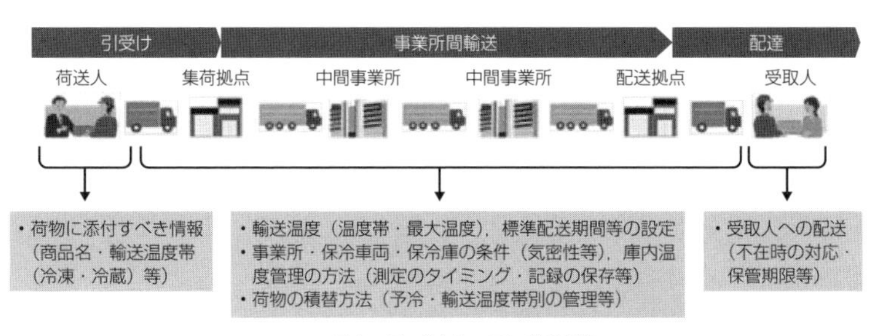

図11-4　小口保冷配送サービスの概要

出所：経済産業省HP.

Column

日本における温度管理の発展過程

古の時代より，日本書紀に残る「氷室」に関する記述にあるように，冬場に蓄えた雪や氷が食品や冷蔵用の氷として利用されており，長い間，天然氷による冷蔵が主流であった．近代になり外国人居留地向けの牛肉が取り扱われるようになり，その後，魚，乳製品，冷凍食品へと広く一般に普及した．米国においては，第2次世界大戦中に軍用食としての冷凍食品の生産を開始しており，1950年頃には全米全土にコールドチェーンが普及していた．

1965年に科学技術庁より発表された「食生活の体系の近代化に関する勧告」（コールドチェーン勧告）を契機に，ほぼすべてのスーパーに冷凍食品売り場が出現し始め，水産物の他，野菜・果物類，肉類，調理食品などの冷凍食品は急速に普及するようになった．これは，家庭における三種の神器の1つと言われた冷蔵庫の普及も大きく影響していると考えられる．一般世帯における耐久消費財の普及率から見ると，普及率が80％を超えたのが，電気冷蔵庫は1969年，電子レンジは1993年となっており，家庭までのコールドチェーン構築が冷蔵倉庫の急成長の立役者となっていることが分かる．今後，高齢者・単身者世帯の増加や女性の社会進出が進んでいる現状から，簡単に調理できる冷凍・冷蔵食品や総菜の成長性が高いと見込まれており，コールドチェーンの重要性は益々高くなると考えられる．

国産第1号機械式冷凍車

出所：筆者撮影（2009年東京トラックショーにて）．

コールドチェーンの展開には，ノード（冷蔵倉庫）とともにリンク（冷凍輸送）の整備が必要不可欠である．輸送手段は近年のトラック輸送の発展に伴い，各店舗までの輸送に活用されることで，コールドチェーンが完成したと言える．冷凍冷蔵車は，道路運送車両法では特種（殊）用途自動車に分類されている．トラック輸送では，1958年に福岡運輸が米軍の要請により国産初の冷凍機付トラックを開発し，九州及び中国地区における米軍向け冷凍輸送を開始している．なお同車両は写真のように2006年に復元されており，未来技術遺産登録（国立科学博物館）に登録されている．

演習問題

1．食品流通について，**表11-1**で挙げられた商品に関する事例を1つ選び，その概要をまとめた上で考察せよ．
2．医薬品流通に関する事例を1つ選び，第9章で扱った品質管理を含めて，その概要をまとめた上で考察せよ．

第12章

物流システム

1 物流管理システム

（1）商流と物流

製品が売買される際には，商流（Commercial Distribution）と物流（Physical Distribution）の２つの流れがある．前者は所有権や受発注情報の流れを指し，後者がモノの流れを指す．買う側が「発注」して売る側が「受注」するまでの一連のプロセスと商流と考えることができる．一方で，「受注」後に売る側が在庫から商品を取り出したのち，箱に詰めてから「出荷」して売る側に「入荷」するプロセスと物流と考えることができる（図 12-1）．

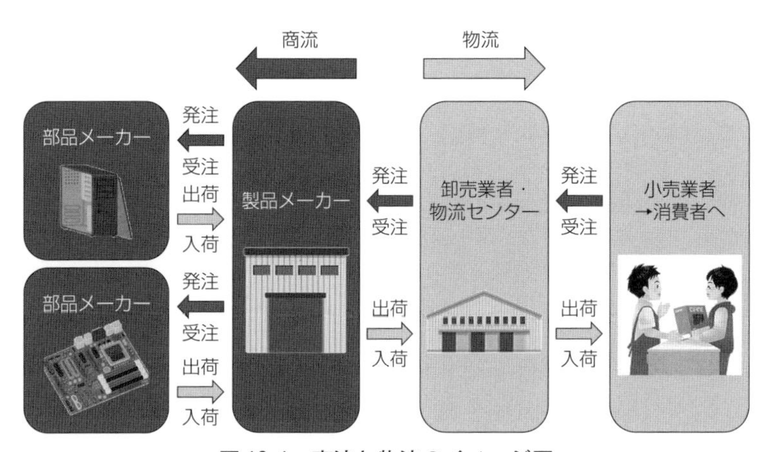

図 12-1　商流と物流のイメージ図

（2）物流管理の目的

物流活動の目的は，“Right product（正しい製品）”，“Right customer（適切な顧客）”，“Right quantity（正しい数量）”，“Right condition（正しい状態）”，“Right place（適切な場所）”，“Right time（適切な時間）”，“Right cost（適切な価格）”の7Rと呼ばれている（Coyle et al. 2017）．つまり，正しい製品を，適切な顧客に，正しい数量で，正しい状態で，適切な場所へ，正しい時間に，正しいコストで提供することを指す[1)]．物流管理の目的はこれを実現することにあり，物流管理を行うシステムが物流管理システムである．換言すると，「商品や物資の数量を間違えたり破損したりすることを避け，顧客のニーズに合わせて商品や物資を届けるためのシステムである」（苦瀬編 2021）になる．

物流が商流と異なる点は，需要が本源的に発生するもの（本源的需要）ではなく，商流の拡大を受けて副次的に発生する（派生需要）点である．そのため，とくに民間企業の場合，利潤最大化という目的を達成するうえではどれだけコストを小さくできるかが問題である．そのため「より近く，より安く，より少なく」という考え方が基本になる．

（3）物流管理システムの概要

物流管理システムは，①受発注システム（EOS：Electronic Ordering System），②倉庫管理システム（WMS：Warehouse Management System），③配送管理システム（TMS：Transportation Management System），④貨物管理システムに大別できる．物流管理はこれらのシステムを統合して行われる．発送の場合のシステム運用イメージは図12-2の通りである．これに加えて貨物管理システムを用いた品質や位置情報の把握が行われる．これらのシステムは連携して一体運用されることが通常である．

（4）受発注システム

受発注システムは，発注者と受注者が商品や物資の調達を行う際，品目や数量，納期などの内容を発注者と受注者との間でやり取りするシステムである（図12-2参照）．

電子受発注システムであるEOSは，ネットワークを利用して発注をする電

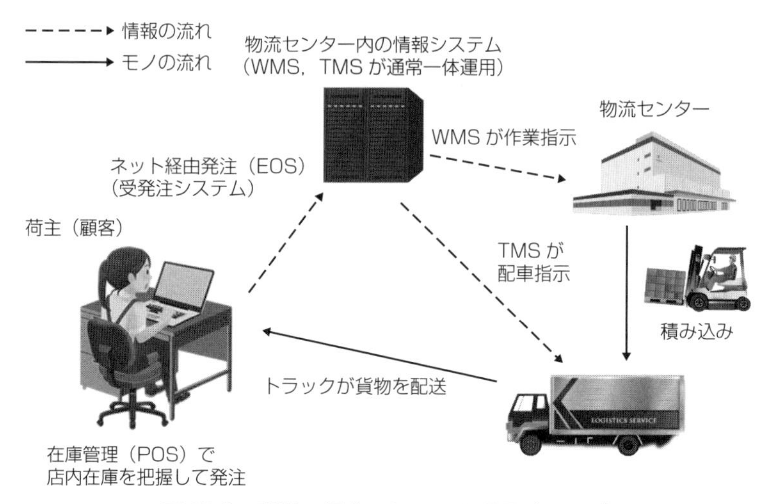

図 12-2　発送の場合のシステム運用イメージ

子受発注システムのことを指す．EOS の導入で，受発注作業を正確かつ迅速に行える利点がある（苦瀬編 2021）．1970 年代から大企業を中心に社外との取引のデジタル化が始まったことから使われるようになった．EOS が多く用いられていたのは流通業界であり，企業間スーパーの補充発注のテレックスを利用したオンライン化から始まった．EOS はスーパーの店舗から本部への受発注で導入されていたものの，この時点では通信手順やデータ構造も標準化されておらず，受注側は取引先ごとに異なるシステムや業務手順に対応する必要があった（坂本 2009）．そのため，初期段階での EOS 導入は大手小売企業にとどまっていた．

現在，コンビニの個別店舗や小売業者が商品を発注するシステムは多くの人々が目にすることのできる EOS の例である．例えばコンビニでは，店員が陳列棚やバックヤードを確認し，店舗でバーコードを読み取って注文できるハンディー・ターミナルや，タブレットに発注数量を入力している．この情報はホストコンピュータを経由して，卸売業者，メーカーなどに情報が送られることで受発注が完了する．また，EOS は POS（Point of Sales）システムや在庫管理システムと連動させて用いられていることが多い．EOS と POS，在庫管理システムを併用することで，商品別売り上げ情報の把握や，在庫情報の効率的な管理に基づく商品発注・補充ができ，売り上げ機会損失の防止などに役立っている．

（5）倉庫管理システム

倉庫管理システムは倉庫や物流センター[2)]において，製品の保管と製品の一連の流れを管理する仕組みを指す．WMSは入出庫，在庫の数と位置，ピッキング，流通加工，検品など，作業を効率的に進める上で必要な情報を統合して管理する．

倉庫や流通センターでは，物資や商品が入荷すると，まず入荷数量や状態を確認する「入荷処理」が行われ，WMSに情報が記録される．受発注システムをもとに，どの仕入れ先から入荷したかも管理が行われる．入荷後に在庫数量が記録され，倉庫や流通センター内のどの位置にどの品目があるかを把握できる．倉庫内では品物ごとに保管される場所を番地として指定する．これによって出荷時の作業指示を効率化している．出荷時には，倉庫や流通センターから出荷する物資や商品の品目と数量を確認する「出荷検品」が行われる．

「入荷処理」と「出荷検品」によって，WMSに登録されたデータは，棚卸にも用いられる．棚卸は，倉庫や流通センターで保管している商品や物資を品目ごとに数量を数えることを指す．基本的に決算期末日時点での数量と品質を調べ，帳簿上の在庫数と実際の在庫数が一致しているか，不良品として処分するものがないか，帳簿に記録されていない商品がないかを確認する．

（6）輸送管理システム

輸送管理システムは物流センターからの配送を多数の顧客の配送先を回る際，できるだけ多くの貨物を積み，最少のトラック台数で配送できるように，効率化するための情報システムを指す．TMSは，配車計画や運行管理を支援するシステムを中心に構成されている．配車計画では，運行スケジュールの割り当てのほか，必要とするトラック台数やドライバーの手配を行う．

現在の運航管理システムは，トラックに搭載された端末や携帯電話を経由して全車両の稼働状況を把握できる．またGPS（Global Positioning System：全地球測位システム）を使用して車両の位置情報も即座に確認でき，混雑状況によって

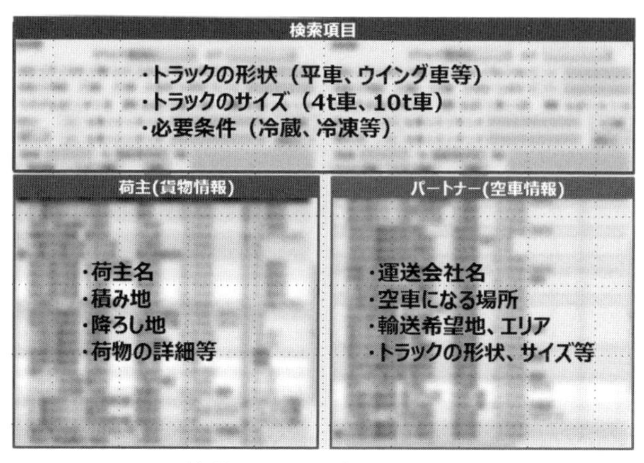

図 12-3　輸送マッチングシステムの運用画面
出所：トランコム株式会社.

はルートを変えるなどの提案も行える．これらに加え，運賃計算やドライバーの運転日報の自動作成システムも存在する．貨物に関しても，積み付け計画を行ったり，トラックの荷室内にセンサーを搭載し，温度管理のできるTMSも現れている．

トラック輸送やコンテナ輸送では，A地点からB地点まで貨物を運んだあとに車やコンテナをどうA地点まで戻すかが問題となる．コンテナ輸送では，アジアから米国に向かうコンテナ貨物（2021年で2121万TEU）と米国からアジアに向かうコンテナ貨物（同604万TEU）では3倍以上の差があり，多くのコンテナが空のまま戻ってくる．トラック輸送でも同様の問題を抱えている．この問題を片荷問題（Backhaul problem）といい，問題が大きくなると本来の輸送側（Mainhaul）にも支障をきたす．

片荷問題に対する対策は新規荷物の獲得を模索するなど[3)]様々なものがなされている．トラック輸送ではトランコム株式会社がトラック会社と荷主企業の間の輸送マッチング事業を展開している．同事業ではこの事業では求貨求車支援システムを導入し，システム画面（図12-3）で検索を行うと，条件に合致する荷主と協力運送会社（パートナー）の情報を確認できる．同社ではこの情報をもとに情報センターで荷主と運送会社のマッチングを行っている．

（7）貨物管理システム

貨物管理システムは，輸送中の商品や物資の数量，品質と位置を管理するシステムのことを指す．ここでは貨物を識別する仕組みと位置を追跡する仕組みについて説明する．

貨物の識別は，商品や物資を開封せずに中身を確認して，内容物や数量，届け先などを特定する．識別は，ピッキング作業や検品時に用いられるバーコードやQRコード（図12-4），RFID（Radio Frequency Identification：電波による個体識別）がある．工場や倉庫や店舗では，商品の外装に印刷されているバーコードを読み取り，商品の品目や数量をデジタルデータとして読み込み，在庫管理や作業管理を行う．

貨物追跡システムは輸送中の商品や物資の数量と品質と位置を管理するシステムである．貨物の位置は，国内輸送であれば倉庫や物流センターを経由するたびに伝票のバーコードやQRコードを読み取る形で把握される．

国際輸送の場合，最近では輸送の発地と到着地までの間で，倉庫や港，保税倉庫などの拠点ごとに情報を把握している[4]．例えば，デジタルフォワーダーの株式会社Shippioなどの物流企業は，顧客に対して貨物追跡状況を可視化したサービスを提供している．顧客はこのサービスを利用することで，シップメント（一回分の発送）別に貨物がどこにあるか，どこにとどまっているかを把握できる（図12-5参照）．

図12-4　バーコードとQRコード

			集荷	出港	入港	通関	納品	F/T
FOB │ JPTYO ←①— DEHAM PO#1111	GERMANY SHAU ESSEN GMBH MASK, MEDICAL GOODS	● 完了		12/28	1/31	2/3	2/5	2/24迄
FOB │ JPTYO ← CNSHG PO# 20210630	田神貿易中国有限公司 AUTO PARTS	● 出港遅延		2/1	2/4	2/5		2/17迄
FOB │ JPTYO ← CNSHG PO# PRESHIPMENT	— 20GP X 1	発注待ち			2/6(仮)			
EXW │ JPNGO ← TWKEL PO #22003456	田神台湾貿易会社 SOFA, TABLE, BED	● 完了	1/31	2/4	2/7	2/8	2/9	2/21迄
CIF │ JPKIX ← GBLHR PO #20210020	STEWART TEA	● 完了		2/7	2/8	2/9	2/11	2/12迄
FOB │ JPTYO ← DEHAM PO# 19890999	GERMANY SHAU ESSEN GMBH FURNITURE	● 通関待ち		1/4	2/15	2/22	2/12	2/24迄
FOB │ JPHND ← FRCDG PO# 17910910	LUTETIA S.A. COSME	● 通関待ち		3/8	3/9	3/9	3/10	3/11迄

図 12-5 可視化された貨物追跡システムの例

出所：株式会社 Shippio.

2 電子化技術

物流システムにおいても電子化技術が進み，物流活動の効率化に貢献している．この節では，EDI（Electronic Data Interchange：電子データ交換）とAPI（Application Programming Interface）について説明する．

（1）EDI

EDIは「企業や行政機関などがコンピュータをネットワークで繋ぎ，伝票や文書の情報を広く合意された標準規約に基づく電子データで，自動的に交換すること」と定義される（坂本 2009）．物流に関していえば，取引で用いられる発注書や納品書，請求書などを電子化し，データとして取引先とやりとりする仕組み，と言い換えることができる．

コンテナ貨物を輸出する場合，輸出者と輸入者の間だけでなく，貨物の移動に前後して海運会社や税関，陸運業者やターミナルオペレーターの間でEDIを利用した情報のやり取りが行われるほか，海運会社ならびに陸運業者とターミナルオペレーターとの間でもEDIを用いた情報交換がなされる．

送受信を行う際には電話回線やインターネット接続を用いる方法のほか，ウェブブラウザを経由して取引先のサーバ上にあるEDIシステムを利用（Web-EDI）する場合がある．中小企業はWeb-EDIを利用することが多い．

EDIを用いることで，見積書，注文書，納品書，請求書，受領確認書といった書類を企業間で電子的に収受できる．これらの受注情報はほかの物流システムでも利用される．企業ごとに異なるフォーマットの注文書や納品書への記入，伝票の受け渡しや電話の聞き取り，転記，書類管理などの作業がなくなるため，作業の軽減と人的ミスを減らせるメリットがある（図12-6）．

EDIには国際標準として，国連が定めたUN/EDIFACT（United Nations rules for Electronic Data Interchange For Administration, Commerce and Transport）が1987年に制定されており，国内でも産業情報化推進センター（CII：Center for the Informatization of Industry）が定めたCII標準がある．これに加え，各種業界は業界標準を定めており，流通業界では一般財団法人流通システム開発センター

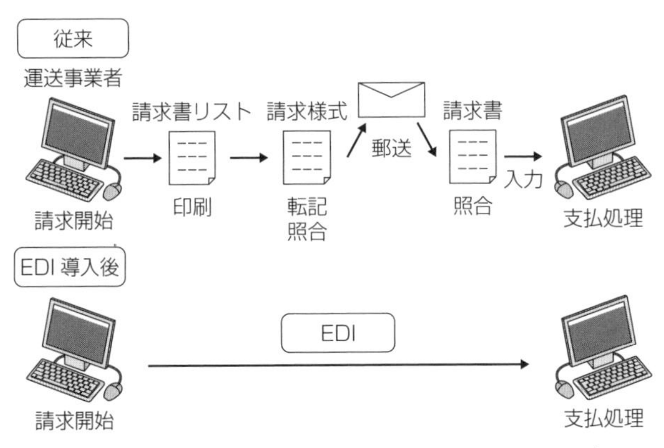

図 12-6　EDI 導入による運賃請求処理のイメージ

出所：吉本（2011）.

の流通 BMS 協議会が流通 BMS（流通ビジネスメッセージ標準）の仕様の策定・発行を行っている．物流業界でも日本ロジスティクスシステム協会と物流 EDI 推進機構が共同で設立した物流 EDI 推進委員会が 1996 年に JTRN（ジェイトラン）を公表しており，現在では（一社）日本物流団体連合会の中にある物流 EDI センターが改良・維持管理，および HP での無償公開も行っている．さらに，インターネットに対応した JTRN の後継標準として次世代物流 EDI 標準「物流 XML／EDI 標準」の開発に着手し，2006 年から公開を開始している（吉本 2011）.

（2）API

API は異なるソフトウェア間でプログラムの機能を共有するための連携方式である（森・平田 2018）．API を使用することで，開発したサービスが外部から使用できるようになり，別のサービスと連携がしやすくなる．われわれの日常でも，天気予報や地図情報などで多く用いられている．例えば，Google Map API を使用することで自社のサイトに地図情報を埋め込むことができる．郵便番号を入力すると自動で住所が表示される機能も API を使用している．

物流部門においても国土交通省港湾局が民間事業者間における港湾物流手続の簡素・効率化を図るため，データプラットフォームとして「港湾関連データ連携基盤」を構築し，2020 年 API 仕様を定めて公開した（図 12-7）．API で多

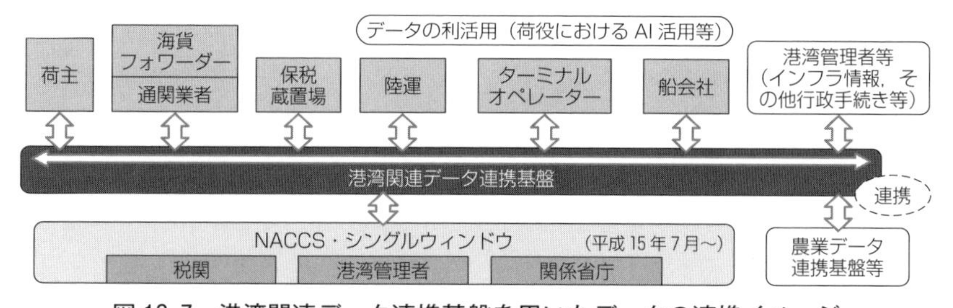

図12-7　港湾関連データ連携基盤を用いたデータの連携イメージ

出所：国土交通省HP（https://www.mlit.go.jp/common/001268561.pdf　2022/7/22閲覧）．

用されているのはWeb-APIの中のREST APIという方式であり，上記の港湾関連データ連携基盤もREST方式を使用している．

API連携が良く用いられるのがネット通販に関連するサービスである．物流業者はネット通販事業者向けに，注文を受けた後に商品が顧客の手元に届くまで必要な業務全体であるフルフィルメントサービス[5)]を提供しており，その中でAPI連携が多く活用されている．

3　標準化

物流において，輸送手段やインフラといったハードウェア面での標準化や貿易手続きや受発注のようなソフト面・業務プロセス面での標準化は効率化のために重要である．ハード面では海上輸送のコンテナ化や専用船化のように標準化が成功し，輸送の効率化に寄与した例がみられる．ソフト面でも上述したAPI連携はWeb-APIの中のREST APIという方式への事実上の標準化が進んでいる．

とはいえ，ソフト面・業務プロセス面には課題も多い．例えば，第1節で挙げたEDIの普及は進んでいるとは言えない．発注業務は手書き伝票などを使って，電話やFAX，対面で行われることが多い．インターネット経由の受発注も多く用いられるようになったものの，日本における普及率は2021年でも受注側で48.5%，発注側で40.9%にとどまっている（中小企業庁 2021）．とくに中小企業での導入が遅れているため，中小企業庁は「中小企業共通EDI」を策定し，中小企業への導入を奨励している．日本政府は2023年を目途に電子受発注システム導入率約5割を目指している（中小企業庁 2022）．

また，外装の標準化なども実現しているとはいいがたい．2021年に閣議決定された総合物流施策大綱でも，外装が標準化されず，様々な商品サイズや形状が存在することでパレットへの積載効率が非効率になるほか，積み替えや手荷役の必要性を増やし，保管効率も損なっている（国土交通省 2021）．パレットの標準化も進んでおらず，EUで90%，米国では48%であるのに対し日本での使用率は30%と国際的にみても低い（経済産業省商務情報政策局 2021）．

標準化は物流事業者にとって，デジタル技術の積極的な活用による生産性向上や労働環境の改善の前提となる一方，個別業者では対応が難しいため，国土交通省や（一社）日本物流団体連合会によって物流標準化への対応が行われている．

4 自動化

今後，高齢化の進行や人口減少を控えた日本では労働力不足が問題視されている．物流部門においては，トラックドライバーや内航船員の高齢化や確保が大きな課題となっている．一方で，ネット通販の拡大もあり，輸送の小口化や多頻度化も広がって，輸送効率の向上に対するニーズは強まる傾向にある．労働力確保に加え，世界的な技術革新やデジタル化に劣後せず自動化技術を取り入れた物流システムの構築を進めていくことは，日本の物流企業の競争力を確保するためにも重要な課題となっている．

（1）ドローン物流，隊列走行と自動運航船

ドローンを用いた物流は，離島や山間部，過疎地域における荷物配送や災害時の物資輸送などの問題の解決も念頭に，2018年度以降，実証実験の実施を含め実用化に向けた支援が実施されている．福井県敦賀市では2022年1月に地元スーパーの食料品の詰め合わせセットを，公民館から仮設ドローンスタンドまでドローンで届ける実証実験を行った．今後は，2022年12月には改正された航空法が施行され，有人地帯でのドローンの補助者なし目視外飛行が解禁される見込みである．

自動運転については，高速道路でトラック隊列走行技術の実証実験が続いており，2021年2月には新東名高速道路の一部区間で後続車の運転席を無人にした状態でのトラック後続車無人隊列走行が実現した．2022年3月には運転者が乗らず，遠隔監視のもとで運行する「レベル4」の自動運転車の公道走行を許可する制度を盛り込んだ道路交通法の改正案が閣議決定された．法制度の整備も進み，国土交通省は「2025年度以降に高速道路でのレベル4自動運転トラックの実現を目指し，高性能トラックの運行管理システムについて検討を行う」（国土交通省 2021）としている．

自動運航船の運航では（株）日本海洋科学を代表会社としたDFFASコンソーシアムが2022年2月26日から3月1日にかけて，東京～津松阪の区間で自律航行機能を搭載したコンテナ船「すざく」の実運用を模擬した実証実験を実施した．輻輳海域である東京湾浦賀水道や伊勢湾伊良湖水道の無人航行に成功したことで，実用化に向けて進展がみられた．一方で法備や事故対応，保険の整備といった課題も残されている．

（2）EC物流，物流システムと自動倉庫

ネット通販などの普及で輸送する貨物の量が増えていることを背景に，ネット通販対応のため，物流センターの整備を進める企業が増加している．現在の物流センターでは物流システムと物流施設（インフラ）との連動性がいちだんと重視されている．

このような状況の下，倉庫における保管は以前に比べて短期化・複雑化しており，注文に応じて素早く取り出し，出荷できることが重視されている．

効率化の一方で，働く人々の労働強化，人材確保の難しさを避ける上でも倉庫の自動化などの動きがみられている．例えば，家具・インテリア用品企業のニトリ傘下の物流企業株式会社ホームロジスティクスでは，2016年神奈川県川崎市に国内初のロボット倉庫システムを導入した（図12-8参照）．

ロボット倉庫の導入で保管スペースを小さく，出庫効率を向上させたほか，作業者の負担軽減も実現している．

図 12-8　ロボットを使った物流の自動化の例

写真提供：オカムラ社.

演習問題

1．日本において EDI の導入が進まない理由について考察しなさい.

2．API 連携を用いたネット通販の事例を調べ，どのようなサービスで連携が用いられるか確認しなさい.

注

1）苦瀬編（2021）では，同様の内容を『必要な商品や物資を，適切な時間・場所・価格の下で，要求された数量と品質（5R：Right Time, Place Price, Quantity and Quality）で供給すること』と述べている.

2）物流センターは「商品の収受，積替え，保管，発送をおこなう場所」であり，搬入された商品を保管する施設であるとともに，納品先の発注指示によって要求された商品を，納品先向けに発送するために準備を行う（岩尾 2009）．また，物流活動の 6 大機能（配送，保管，荷役，包装，流通加工，情報）のうち，配送以外の作業を集約して行う拠点でもある.

3）海上輸送では松田・花岡・川崎（2018）などを参照.

4）船の位置は AIS データを使用して把握している.

5）物流センターでの物流業務（商品発注，検品，梱包，発送，在庫管理）に加え，EC サイト構築，顧客データ管理，返品・交換処理，クレーム処理などの顧客対応，代金の請求と受け取りといった決済代行に至るサービスを指す．外部委託サービスではあるものの，物流業務以外のサービスも含まれており，第5章で挙げた3PLとは異なるサービスである．現在，物流事業者以外にも通販事業者がこのサービスに進出している．

第13章

物流のデジタルトランスフォーメーション（DX）（1）

1 デジタイゼーションとデジタライゼーション

デジタルトランスフォーメーション（DX：Digital Transformation[1]）は直訳すると「デジタル変換」という言葉になるが，「変換」というよりも「変革」という言葉が鍵になる．現時点でDXは，単なる「デジタル変革」ではなく，デジタル技術による破壊的な変革「デジタル・ディスラプション（Digital Disruption）」という意味も持つ．すなわち，既存の価値観や枠組みを根底から覆す，革新的なイノベーションを行うものである．

DXは「デジタイゼーション（Digitization）」と「デジタライゼーション（Digitalization）」の2つの側面に分けることができる．どちらも日本語に直訳すると「デジタル化」を意味するが，それぞれ意味合いが異なる．「デジタイゼーション」は「アナログをデジタル化すること」を意味する．国際物流分野では，アナログ的な商習慣が沢山あるが，徐々にデジタル化していく傾向が見られる．例えば，荷主やフォワーダーから船会社に船腹を予約する際に，旧来では，FAXや電話でやり取りをしていた．船会社では，受付した情報をシステムに入力する必要があり，手間や人件費がかかることになる．荷主やフォワーダー側も通常同じ情報を自社システムやファイルに入力するなどの形で保管している．船腹予約の際，この情報がデジタルの形で荷主・フォワーダー側から船会社へ，さらに関連港湾や税関にデジタルデータとして共有できれば，二重入力のコストを省けるとともに，データの正確さも担保される．マースク社は，同社の電子船腹予約（E-booking）率は，2016年頃の40％前後であったが，2017年に100％電子化を達成した．

一方，「デジタライゼーション」は「デジタル化したものを業務効率化や付加価値向上に活用すること」である．同じく船腹予約の事例で，デジタル化したデータを蓄積しビッグデータとなって，予測などの解析を行うことによって，業務の効率向上に貢献できる．IoT デバイスの応用によって，ビッグデータをより容易に入手できるようにある．ビッグデータの解析に人工知能が活用されいる．この章では IoT と人工知能について学んでいく．

Column

ABCD テクノロジー

ABCD テクノロジーとは，人工知能（AI：Artificial intelligence），ブロックチェーン（B：Blockchain），クラウドコンピューティング（C：Cloud computing），データ分析（D：Data Analytics）のことを指す．これらは，グローバルにビジネスを変革している，産業の未来を切り開く新興技術と言われている．このコラムでは，これらのテクノロジーの概要について解説する．

「A」人工知能は最も破壊的な技術の 1 つであり，あらゆる産業を変革している．AI はあらゆるものの未来となりつつあり，産業プロセスを改善し，イノベーションを促進し，ビジネス効率を最適化し，生産性を向上させる「スマート」テクノロジーの総称となっている．AI は機械が人間の知能と同じように感知し，考え，学習し，タスクを実行することを可能にする．これらのスマートな AI システムのほとんどは，機械学習やディープラーニングのアルゴリズムによって駆動され，自律的に動作し，あらゆる産業活動にインテリジェントに貢献する．

自動車産業における自律走行，Google マップ，チャットボットや音声アシスタント，知的生成，顔検出と認識，ヘルスケア，バーチャル旅行，疾病マッピング，ロボット工学などは，あらゆる分野の AI に関連する使用例である．

「B」ブロックチェーンは，分散型台帳技術とも呼ばれる，ビットコインやその他の暗号通貨を支える技術である．ブロックチェーンは，多くの産業でゲームチェンジャーであることが証明されており，金融，保険，電子商取引，ヘルスケアなど，ほぼすべての産業や分野で無限の応用を有している．言い換えれば，ブロックチェーンは，デジタル情報が交換されるあらゆる場所で重要な役割を担っている．ブロックチェーンは，消費財セクターにおける資産追跡全体に透明性をもたらし，説明責任を強化し，製品リコールを合理化し，消費者の信頼を向上させる．ヘルスケア分野では，ブロックチェーンは医療従事者間で患者の医療記録を安全に共有でき，医薬品のサプライチェーンを管理できるほか，医療研究者が隠れた遺伝暗号を解読するのにも役立つ．ビジネスや研究分野では，知的財産の追跡にも役立っている．また，金融分野では，ブロックチェーンはフィンテック革命を推進する燃料であり，金融取引における不正行為の追跡に応用されている．このように，ブロックチェーンは，リスクを低減し，スケーラブルな方法で透明性をもたらす革命的な技術である．

「C」クラウドコンピューティングとは，インターネット上でITリソースをオンデマンドで提供することで，より迅速なイノベーション，リソースの柔軟な利用，販売の経済性を実現するものである．クラウドコンピューティングの主な目的は，アクセシビリティを充実させることである．クラウドコンピューティングによって，企業は自社でコンピューティングインフラを持つ代わりに，クラウドサービスプロバイダーからストレージやアプリケーションへのアクセスを借りる．これにより，企業は独自のITインフラを所有し維持するためのコストと複雑さを回避し，使用するときの料金を支払うだけでよい．開発者や専門家がリソースを効果的に整理し，アカウントを管理するためのITおよび技術的な作業を強化する．つまり，基本的に，すべてのデータは，どのデバイスからアクセスしても利用できる．クラウドコンピューティングは，DropboxやGoogle Driveといったクラウドバックアップソリューション，チーム内のコラボレーションを促進するSlack，クラウドコンピューティングサービスを通じてビデオストリーミングサービスを運営するNetflix，AlexaやGoogle Assistantといったクラウド型の自然言語処理ボット，Facebook，LinkedIn，Twitterなどのソーシャルネットワーキングサイトなど，幅広いサービスを提供している．

「D」データ分析技術は，データを変換，分析することによって効率的な意思決定を行えるために，ビジネスで大きく活用されている．データアナリティクスとは，データセットを検査・変換し，そこに含まれる生データから新しい傾向を見出し，確かな結論を導き出し，意思決定を支援するプロセスである．データ分析技術は，機械学習アルゴリズムと自動化を統合した専用ソフトウェアを使用し，企業が過去のデータを含めて分析し，顧客のフィードバックを評価して戦略をアップグレードし，業績を向上させ，業務効率と顧客サービスの取組みを改善し，それによって収益を向上させることを支援する．

2 IoT

IoT（Internet of Things）はモノのインターネットの略語である．様々なモノをインターネットに接続して，その情報を活用する仕組みである．2000年ごろに提唱されて，現在は様々なモノに使用されている．IoT対象となるものは，テレビなどの家電，そして温度計などの計器から，いままではインターネットとは無縁だった身に着る洋服とか，そういった身に着けるような洋服までも含まれている．これらの物にセンサー，そしてカメラ，無線通信が搭載されて，物の状態や動きを感じたり，データを取得したりする．さらに入手した情報は，インターネットを介して人や物に転送することが，このIoTの基本的な仕組みである．

IoTは4つの部分によって構成させている（図13-1）．そのモノ自体であるデバイス，通信ネットワーク，データを格納する場所であるサーバー，そして，最後にデータを閲覧するためのユーザーインターフェース（UI：User Interface），つまりアプリケーションである．

IoTで実現できることは，大きくこの3つのタイプに分類することができる．1つ目は，IoTで離れたモノを操作する遠隔制御．例えば，照明機器やエアコンの電源を入れたり，切ったりなどの制御をすることがIoTによって実現で

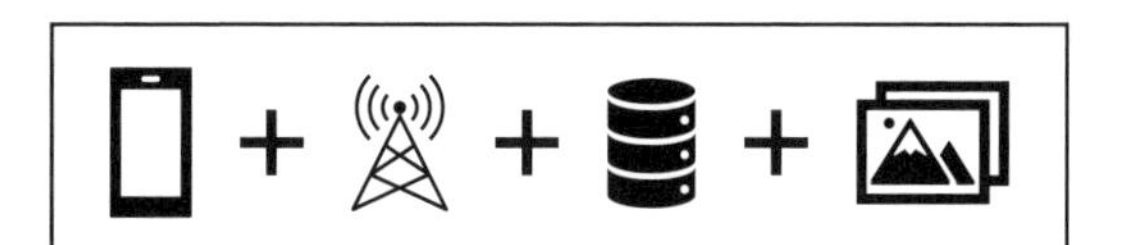

■ デバイス（モノ）
■ 通信ネットワーク
■ サーバ（データを格納する場所）
■ アプリケーション（データを閲覧するUI）

図13-1　IoTの基本構成

きる．２つ目は，IoT で離れた物の状態を知る遠隔監視．例としては，外出時に戸締まりの確認，またはドアの開閉によって人の行動を監視するといったことができる．そして３つ目は，Bluetooth などの同一のネットワーク回線を用いて，物と物同士のデータ送受信，情報共有をする仕組みである．物同士で通信する機能の活用でとりわけ注目を集めている事例は自動運転の車である．信号機のデータを自動車側が受信して，自動的にスピードを落としたり，発車したりすることができる．信号側で道路の混雑具合とか，そういったことも IoT の仕組みによってリアルタイムで察知することができるようになる．

（1）物流分野における IoT の応用事例

物流は複雑な分野であり，IoT 技術の助けを借りて様々な課題を解決につなげる．近年，世界市場では電子商取引が急速に拡大しており，物流は人手不足と収益低下とともに需要の増加に対応しなければならない．このような状況下で，物流は新たな最適化策を見いだすことが重要な課題となっている．IoT を応用することで，輸送過程を簡素化し，効率化することができる．

物流分野における IoT 技術の応用例は，「リアルタイムの物体識別と追跡」，「運転手や車両の状態のモニタリング」，「適切な保管条件と製品の安全性の確保」，「効率的なデータ転送」，「輸送中におけるリモートコントロール」などが挙がられる．

① 事例：ハパックロイド（Hapag Lloyd）のコンテナ追跡装置

ハパックロイド社は，2019 年に IoT デバイス「Hapag-Lloyd LIVE」をリーファーコンテナに導入した．2022 年 4 月にドライコンテナにも導入し始めた．完了後当社全コンテナにリアルタイム追跡装置が搭載となり，世界中のあらゆるコンテナの動きを完全に把握することができる（図 13-2）．

この装置は，GPS による位置情報の提供，環境温度測定，コンテナへの急激な衝撃の監視などが可能である．また，Bluetooth でセンサーを追加することも可能である．船員や貨物と船舶の安全を確保するため，防爆規格に準拠し設計されている．また，最新のエネルギーハーベスティング（Energy Harvesting[2]）技術と低消費電力技術を使用し，高頻度のデータ送信で超長寿命を実現してい

図 13-2　ハパックロイド社の IoT デバイス
「Hapag-Lloyd LIVE」
出所：https://www.hapag-lloyd.com/en/company/press/releases/2022/04/hapag-lloyd-first-mover-in-equipping-all-containers-with-real-ti.html.（2022/5/2 閲覧）.

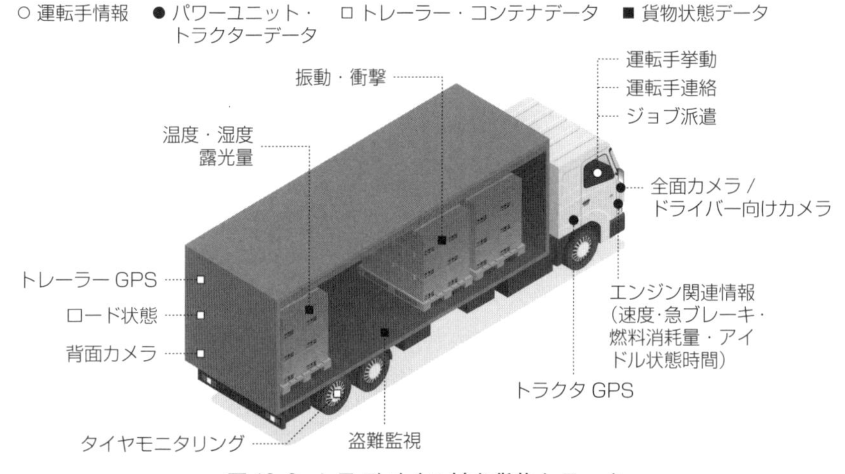

図 13-3　IoT デバイス付き貨物トラック
出所：デロイト社資料を参照し筆者作成.

る．この装置の搭載により，各コンテナからリアルタイムでデータが送信され，SC の透明性と効率性を高めることができる．

医薬品や要冷蔵冷凍保存の食品のような繊細な商品を新鮮に保ち，品質を維持するためには，特定の環境要件を満たす必要がある．これらの製品や製品のパッケージに環境センサー付きのIoTデバイスを付け，輸送中における環境を監視するための事例もよく見る．一般的にこのようなIoTデバイスは，輸送中に湿度，光，温度，衝撃や振動の影響をチェックすることができる（図13-3）．

② 事例：Modum社のIoTデバイス

Modum（モーデム）社は，2016年スイスにて設立された会社で，デリケートな商品の輸送のためのIoTデバイスを開発している[3]．IoTデバイスを用いて，環境の温度や湿度，衝撃，明るさ，所在地の地理情報など，リアルタイムで取得できるというサービスを提供している．デバイスの使い方は，非常に簡単である．まず商品をパッキングする前にスマートフォンなどの専用アプリを用いて，IoTデバイス上のQRコードをスキャンし登録する．その後，スキャンしたデバイスと商品を一緒に包装する．そして，輸送中の各種の情報が自動的に収集される．収集された情報はBC上に保存される．輸送中に情報を収集し続けられ，到着したら，開封する必要もなく，パッケージの上にあるQRコードをスキャンする（読み取る）ことで，すべての記録を確認することが可能になる．また，Modum社が利用している温度センサーは，包装パッケージまで隅々の温度が測定可能という．貨物が置かれる空間の中，異なる位置の温度がリアルタイムで表示され，三次元の可視化されている．なおかつ，すべてのデータがBC上で保管されている．

運輸業界では，トラックにテレマティクス（Telematics）[4]のハードウェアやソフトウェアなどのIoT技術を取り入れる動きがあり，2019年の支出額は710億米ドルと推定されている[5]．北米では，2021年までに商用車全体の42%がテレマティクスを搭載すると予測されており，コンプライアンス要件により，位置追跡機能を備えたデジタルログの使用が必要とされている．2026年までに北米，西ヨーロッパ，アジアの先進国で販売されるすべての新車トラックに対して，テレマティクスのハードウェアとソフトウェアの普及率が95%を超えると予測されている．

（2）IoT普及への課題

IoTが非常に有用であることが，実用に向けては課題もある．まず1つ目は，通信コストが高い．IoTデバイスがサーバーと通信するためには，通常のキャリアを使用する場合は費用が非常に高い．普段のスマートフォンで利用している4G，またはLTEの通信をIoTデバイスに適用する場合，1台で月あたり4千円位かかる．1万台のデバイス規模でしたらかなりのコストになる．

2つ目は消費電力と通信距離の問題．通信距離が長ければその分，消費電力も大きくなる．バッテリーの消耗も激しくなる．この2点に対して，注目されている解決方法の1つは，LPWA（Low Power Wide Area）の技術である．通常のソリューションと比べて消費電力は1600分の1で非常に省エネである上，低コストで長距離通信を実現できる．IoTデバイスにとっては非常に適切な通信方式と言えるが，このLPWAにも欠点もある．例としては，データの転送が非常に遅いことが挙げられる．Wi-Fiの最新規格「IEEE802.11ax」の最大通信速度は10ギガビット／秒程あるが，LPWAの最大伝送速度はLoRa方式でおよそ250 kbps程度しかない．通信速度には4万倍の差がある．この課題を解決する糸口は，高速，大容量，低遅延，多数端末同時接続が可能となる5G，6Gの通信，そして「Beyond 5G」と呼ばれるさらに先端的通信インフラの普及である．その日が来る近い将来では，IoTの威力をさらに発揮できるだろう．

3つ目は，ネットワークにかかる負荷．IoTでは常に大量のデータをクラウド，またはデータセンターに送信する仕組みではあるので，大量のデータの送受信にはネットワークに多大な負荷がかかるというのが現状である．解決策としては，「エッジコンピューティング（Edge Computing）」が提案されている．データの処理をエッジサーバーで行った上で，必要なデータのみをクラウドに送信するといったような処理によって，通信料を押さえてネットワークの負荷を軽減することができる．

Column

エッジコンピューティング

エッジコンピューティングのエッジというのは，「ふち」，「端」という意味である．エッジコンピューティングとは，IoT端末などのデバイスそのものや，その近くに設置されたサーバーでデータ処理・分析を行う分散コンピューティングのコンセプトである．クラウドにデータを送らず，エッジ側でデータのクレンジングや処理・分析を行うためリアルタイム性が高く，負荷が分散されることで通信の遅延も起こりにくいという特長を持つ．データを集中処理するクラウドに対し，データを分散処理するのがエッジコンピューティングだと言える．

エッジコンピューティングは，重要なデータ処理をネットワークのエッジに再配置することで，レイテンシーの問題に対するソリューションを提供する．エッジ対応デバイスは，データを中央サーバーに絶えず送り返すのではなく，リアルタイムでデータを収集して処理できるため，より迅速かつ効果的に応答できる．

エッジデータセンターと組み合わせて使用する場合，エッジコンピューティングは，最新のIoTデバイスとエッジデータセンターの組み合わせによって提供される豊富な処理能力を活用するネットワークインフラストラクチャへの多用途なアプローチである．ただし，エッジデバイスの主な制限の1つは，ローカルで収集されたデータしか蓄積せず，あらゆる種類の「ビッグデータ」分析を利用することが難しいと言える．

3 AI

人工知能とは，コンピューター上で人間の知能を実現させるためのシステム，または研究から生まれた知能の一部分を実現するための技術を指す（齋藤ら2021）．現時点では自分の意志を持つAIはまだできていない．しかし，何かに特化して人間を超える能力を見せているAIができている．その例としては，人間のプロ囲碁棋士を破った「AlphaGo」などがある．

（1）AIの分類

AIは汎用型AIと特化型AIに分類されている．汎用型AIとは，「強いAI」とも呼ぶ，特定の作業に限定せず，汎用的に処理することができる．つまり人間と同様の知能を持つAIのことを指す．その代表例としては，「ドラえもん」や「鉄腕アトム」があるが，いずれもまだ世の中には存在しない．それに対して特化型AIは「弱いAI」とも呼ばれる．特定の決まった作業を実行することに特化したAIであり，画像認識，将棋や囲碁，自動運転，人との会話など，世間一般的に使用されているAIは，すべてこの特化型AIになる．

（2）AI史上の3つのブーム

AIはこれまでに3回のブームがあった．AIという概念の基準は，イギリスの数学者アラン・チューリング（Alan Turing）が1950年に書いた『計算する機械と知性』という本であるとみられる．当時，チューリング氏は，機械が思考したかどうかは，人との会話が成立したかどうかというふうに判断できると断言した．これは有名なチューリングテストである．チューリングテストによるAIの概念の確立以来，AIが一気に世の科学者たちに認識されるようになって，AIに関する研究も活性化した．

第1次AIブームは，1960年代に起こった．この時代は推論や探索と呼ばれる技術により，パズルや簡単なゲームなど明確なルールが存在する問題に対して高い知能を発揮するAIに大きな期待がかけられた．しかし，当時のAIでは，迷路の解き方や定理の証明などのような単純な仮説問題を扱うことはできても，様々な要因が絡み合っているような現実社会の課題を解くことはできないことが分かった．現実の複雑な問題は解けないという性能的な限界が見えるとブームは下火となり，研究支援が滞り，AIの開発は失速した．これが1974年から1980年代初頭まで続いた冬の時代である．

1980年代に第2次ブームが起こった．引き金となったのは，多数のエキスパートシステムの実験である．エキスパートシステムとは，人工知能に専門家のように知識をルールとして教え込み，問題を解決させようとする技術である．この頃には多くの大企業がエキスパートシステムを業務に導入し，エキスパートシステムは実用的なツールとして広く商業利用されるようになった．研究を重ねる研究者の間でも，エキスパートシステムにも限界があるということが次第に明らかになった．大きな欠点は2つあった．1つ目は，当時のコンピューターには必要な情報を自ら収集して蓄積する能力がなかったため，人が手動で一般常識レベルの膨大な知識をコンピューターに記述する必要があった．2つ目は，当時のコンピューターは演算処理や矛盾したルールに対応できなかったため，実際に活用が可能な知識量は特定領域の情報などに限定する必要があった．これらの理由で第２次 AI ブームは終息に向かい，1987 年から 1993 年までの間に AI の研究は再び冬の時代に突入した．

第３次 AI ブームにおいては，原動力となっている技術革新が２つあった．その１つ目は，機械学習の実用化である．ビッグデータと呼ばれるような大量のデータを用いることで，人工知能自身が知識を獲得する機械学習が実用化された．技術革新の２点目は，ディープラーニング（DL：Deep Learning）の登場である．従来の機械学習での人間が特徴量を定義し予測する仕組みと異なって，ディープラーニングでは学習データから自動的に特徴量を抽出し，精度を向上させることが可能になった．要するに，AI が自ら特徴量を獲得することができるようになった．これらのことは人工知能の研究分野においてブレークスルーとなり，現在の人工知能の研究ブームの起爆剤となった．

第３次 AI ブームでは，皆さんの記憶にも残る身近な出来事が沢山ある．2012 年の６月に Google がネコを認識できる AI を開発した．2014 年 11 月に Amazon が「Echo」を発売した．2015 年の８月にマイクロソフトが「bot りんな」を公開した．2016 年の３月に Google の「AlphaGo」が韓国の囲碁棋士を破ることができた．2017 年３月に LINE がパーソナルアシスタント「Clova」を発表した．2017 年 11 月に Apple 社が顔認識 Face ID 搭載の「iPhone X」を発売した．また，2018 年１月に Amazon が無人コンビニ，AmazonGo を開店した．2019 年 8 月に OpenAI が「GPT-2」を公開した．「GPT-2」は Transformer をベースとしたテキスト生成モデルである．ソーシャルブックマークサイト「Reddit」においては，ユーザーの評価が高い文章のリンクから 800 万のウェブページを使用していることで，様々な文章を生成することができる．2020 年９月にマイクロソフトがディープフェイクを見破る AI「Video Authenticator」を発表し，同じ９月に OpenAI が「GPT-3」を公開した．

AIが書いたブログ

2020年7月18日，OpenZeppelinという会社のCTOであるマヌエル・アラオス氏が自身のブログで「OpenAIの『GPT-3』はビットコイン以来の最も大きなものかもしれない」というタイトルの記事を公開した[6)]．この記事は大きな反響を呼んだ．高精度なテキストをつくれる言語モデル「GPT-3」は確かにすごい技術であるが，このブログ記事のポイントはまた別のところにあった．それはこの記事の本文は「GPT-3」が独自に生み出したものだったということである．時間があるときにぜひ一度読んで頂きたい．AIが書いたものとは思えないくらい本当に面白く格好よく書かれた記事である．

このように「GPT-3」を用いて人間が書いたものと区別がつかないようなニュース記事が生成できる．この言語モデルは危険過ぎる，新たなブレークスルーだとたくさんの議論もあった．AIの迅速な発展に伴い，AIが人間の知性を超える日もいつか到来するかもしれない．

AIが人間の知性を超えるという問題は，AIのシンギュラリティー問題，またはAIの2045年問題と言う．シンギュラリティーは日本語で技術的特異点と言い，AIなどの技術が自ら人間よりも賢い知能を生み出すことが可能になる時点のことを意味する．一説によれば，2045年になると人工知能が人間の頭脳を超え始める．AIは，人間の知能や行為を補助して一部を代替する，または拡張することが可能であるので，持続可能な社会の強い推進力になっていくものと言える．

（3）AIの分類

広い意味のAIは，ルールベースAIと機械学習（ML：Machine Learning）との2つに分類される（図13-4）．ルールベースAIは，人間が書いたルールに従って判断を行うような業務ロボット的なものである．これに対して機械学習型のAIは，一般的に人間がルールを記述する必要がない．機械学習のモデルに

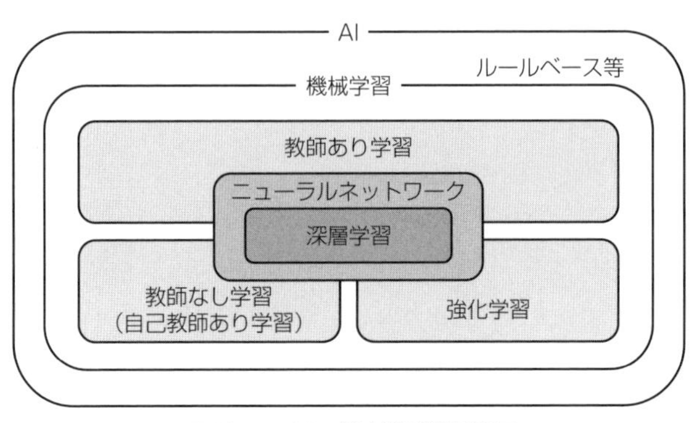

図 13-4　AI・機械学習関係図

おいては，学習を行うためのアルゴリズムがあり，それらのアルゴリズムに基づいて知的な振る舞いを行い，モデルが自動的に構築される．機械学習は「教師あり学習」，「教師なし学習」，そして「強化学習」と 3 つの種類に分類される．

① 教師あり学習

教師あり学習は，学習のデータに正解を与えた状態で学習させる手法である．つまり正しい入力と正しい出力をセットとして渡して AI に学習させて，今度は入力だけを与えたら出力は幾らになりますかといったような仕組みである．教師あり学習は，回帰や分類手法を用いて，商品販売の予測や売り上げの予測，需要の予測，顧客の離脱傾向の予測といった実問題においてよく用いられる．教師あり学習の代表的なアルゴリズムには，回帰，決定木，サポートベクターマシン，ランダムフォレストなどがある．

【教師あり学習の物流分野での応用例：コンテナ滞留時間予測】

2018 年 Inform 社は海上コンテナターミナルを対象とした ML 評価プロジェクトを実施し，最適化するために機械学習をどのように利用できるかについて検討した（Savelsberg 2019）．2017 年に取り扱った 100 万個のコンテナをサンプルに機械学習を実施．コンテナ搬出モードや滞留時間など，ML で改善できる部分が多いことが分かった（図 13-5）．コンテナ搬出予測では，左側の図は，コンテナ到着時に受け取った TOS[7] 情報に基づいて予想されたものと，実際にコ

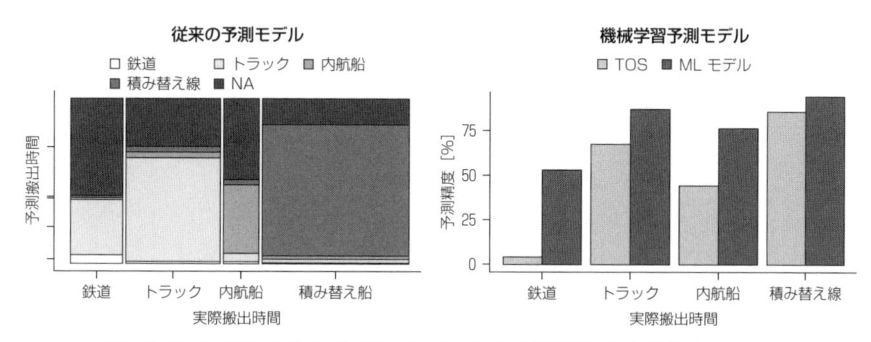

図 13-5 教師あり学習を用いるコンテナの滞留時間予測精度の向上
出所：Savelsberg (2019).

ンテナがターミナルを搬出した際の様子を表したものである．最も濃い灰色の部分は，コンテナ到着時に TOS が把握していなかった部分である．従来のやり方では全 100 万個のコンテナに対する予測の精度は 62.9%であった．

次に，教師あり学習手法の 1 つであるランダムフォレストを用いて，事前に特定された変数の重要性を識別する上で学習させた結果，右の図に示すように，機械学習モデルは予測精度が 33%改善し，83.6%に達した．

具体的な学習手順は，以下のようになる．2017 年に取引した 100 万個のコンテナをサンプルとして用いた．データセットの 75%はトレーニングデータセット，25%はテストデータセットに無作為的に分割した．さらに，50 個の説明変数の中から，評価上意味のある変数を担当者と専門家とともに検討し，重要な変数 16 個を特定した．その後，500 本の木からなるランダムフォレストモデルをトレーニングデータセットで学習し，テストデータセットに対してテストした．このモデルは，多数の決定木（この例では 500 本）を構築し，個々の木の最頻値（分類）または平均値（回帰）を計算することによって作成される．重要なのは，ランダムフォレストは，単一の決定木が学習データに「過剰適合」する傾向を修正することができる．最後に，ランダムフォレストは，ランダムな偶然性を巧みに利用することで，単一の決定木の予測力を向上させることができる．

② 教師なし学習

教師なし学習は自己教師あり学習とも呼ばれる．特徴としては教師がいないこと，つまり正しいデータを与えないような仕組みになっている．入力データのみを与えて，データ内在の構造を機械学習によって掴む手法である．教師なし学習手法には，クラスタリング，主成分分析（PCA：Principal Component Analysis）などが挙げられる．応用例としては，異常検知，画像認識，レコメンデーションがる．Amazon で買い物した経験があれば，商品の自動的クラスタリング，リコメンドする画面を見たことがあるであろう．

【教師なし学習の物流分野での応用例：バーチャルデポ】

本部は中国上海においている Boxamer 社[8]が開発したサービスでは，画像認識技術を用いて，コンテナの番号や状態などを AI にて確認する．空コンテナの搬入の際，運転手はトラックを運転してゲートの指定場所に停車する．モバイル端末で QR コードをスキャンし，チェックインする．事前設置されているカメラが自動撮影し，バックエンドに送信，AI がコンテナの状態をチェックする．チェックの結果がドライバーの端末に送信される．このコンテナ確認作業は，従来では人の目視確認で行うため，時間がかかり，渋滞にもつながる．画像認識の AI を導入することで，人件費の節約や渋滞の解消ができ，ゲート作業効率向上が実現される．

③ 強化学習

強化学習は正解を与える代わりに将来の価値を最大化することを学習するモデルである．様々な試行錯誤をして価値を最大化するように学習する．強化学習の仕組みはテトリスのゲームに似ている．テトリスのゲームをする時，できるだけ高いスコアを得るような問題は強化学習の枠組みで考えることができる．その時点で一番スコアが高くなるのは，一列でもすぐに消すようなプレイ方法であるが，より長期的には，できるだけ溜めてから一度にたくさんの列を消したほうがスコアは高くなる．人間の棋士を破った「AlphaGo」や自動運転も強化学習の応用例になる．

【強化学習の物流分野での応用例】

自動運転，自動車や交通といったモビリティの分野でも AI の活用によって変化が起きている．自動運転はレベル0～5の6段階に分類されており，今のところは，人間が補助しながら運転するレベル3までの自動運転や，一定の区間に限ってレベル4で走ることができている．いつかの将来に，自動運転モードで好きなところに行くことができるようになるであろう．

レベル0は「運転自動化なし」で，ドライバーがすべての動的運転タスクを担う．旧来の自動車がこれにあたる．レベル1は「運転支援」で，システムが縦方向または横方向のいずれかの車両運動制御のサブタスクを限定領域において実行する．例えば，前走車に追従可能なアダプティブクルーズコントロールや，車線内走行を維持するレーンキープコントロールなど，加減速または操舵をアシストするどちらか一方の機能を搭載しているタイプがこれにあたる．レベル2は「部分運転自動化」で，ハンズオフ運転が可能なシステムにたどり着く．平時同様周囲の状況を常に監視し続けなければならないが，高速道路走行時など条件を満たした際はハンドルから手を離すことができる．ハンズオフ機能は，国内では日産がいち早く「プロパイロット2.0」として2019年に実用化したほか，トヨタ・レクサスが同機能を盛り込んだ「Lexus Teammate」，スバルも「アイサイトX」をそれぞれ発表している．レベル3は「条件付運転自動化」を指し，限定条件下でシステムがすべての動的運転タスクを実行する．なお，作動継続が困難な場合は，システムの介入要求に対しドライバーは迅速に応答しなければならない．限定条件下ではあるものの，このレベル3から自動運転がスタートする．日本国内では，2020年4月に「改正道路交通法」と「改正道路運送車両法」が施行された．法律上「自動運行装置」が正式に定義づけられ，レベル3の走行が可能となった．自動運転システム作動時，ドライバーは車両周辺の監視を行う義務を免れる．量販車においては，独アウディが2017年に発売した「Audi A8」に合わせて世界初となるレベル3自動運転システム「Audi AIトラフィックジャムパイロット」を発表し話題となったが，法整備などが追い付かず搭載は凍結されたままとなっている．時が経ち，2020年に各国の法整備や国際基準が成立すると，各メーカーの動きが顕著になってきた．国内では，ホンダが2020年11月にレベル3の自動運転機能を搭載した新型車「レジェンド」で世界初の認可を受け，2021年3月に発表された．

レベル4は「高度運転自動化」を指し，限定領域においてシステムがすべての動的運転タスクを担うとともに，作動継続が困難な場合への応答も実行する．ドライバー不在の運転を可能にするシステムとなり，移動サービス用途を中心に開発が進められている状況である．レベル4の自動運転タクシーは米ウェイモが2018年にアリゾナ州でサービスを開始し，セーフティドライバーなしの運行も実現している．米国ではこのほか配車サービス大手のリフトがアプティブと実証を重ねるほか，中国Pony.aiも韓国ヒュンダイとともに実証に着手している．中国では，PonyのほかBaidu（百度）やAutoX，WeRide，Didi Chuxingらが実証を進めており，国を挙げて米国を猛追している状況である．日本においては，限定地域におけるレベル4の無人自動運転移動サービス（セーフティドライバー付き）を2020年まで，遠隔監視のみのサービスを2022年までにそれぞれ実現する目標を掲げている．国際物流分野において，上海国際港務（集団）股份有限公司（SIPG）が導入した自動運転トラックの事例を紹介したい．同社の自動運転トラックによるコンテナ取扱量は2021年度に4万本に達した．レベル4の自動走行で，4台まで隊列走行できる．また，駐車は70秒以内で完成，駐車位置誤差は3センチ以内にこなせるという．

レベル5は「完全運転自動化」を指し，運行設定領域の設定なしにシステムがすべての動的運転タスクを担う．原則として，いかなる場所，いかなる状況下においても自動運転システムがすべてのタスクを担う完全自動運転である．

社会課題の解決策として，また新たなビジネスとして多大なポテンシャルを有するレベル4をどのように社会に実装していくかといった観点から，技術面のみならず企画面でも大きなチャンスが到来することになる．レベル4技術の高まりとともに新たな局面を迎えるモビリティ業界．MaaS（Mobility as a Service）[9] の進展とともに自動運転の動向には今後も要注目である．

（4）AIの応用分野

デジタルデータの利活用がサイバー空間から現実空間に広がっている．PCやスマートフォンといった通信機器だけではなく，多くの機器がネットワークに接続され，生成されたデジタルデータを高度に活用するIoT化が進展している．これまで，統計的手法の適用が困難だった音声認識や画像認識の領域でもAIが活用されている．AIの主な応用分野は表13-1のとおりである．

表13-1　AIの主な応用分野

領域	AIの活用例
研究開発	研究開発支援
調達	需要予測・在庫最適化
製造	故障予測・品質監視・異常検知
物流	自動運転車・輸送モードの最適化
販売	ECサイトにおける商品レコメンド
マーケティング	広告最適化・施策自動立案
サービス	人材転職自動マッチング・AI融資・ファッション推薦

演習問題

1．AI・機械学習技術を用いて国際物流分野で実現出来たらよいと思うサービスを1000字以内で提案しなさい．
2．IoT技術の進展と普及は国際物流にもたらす変革を説明しなさい．

注

1）デジタルトランスフォーメーションの英語表記は「Digital Transformation」であるが，略称は「DT」ではなく「DX」．デジタルトランスフォーメーション＝DXの理由は，「Trans」を「X」と略すことが一般的な英語圏の表記に準じているためである．
2）エナジーハーベスティングとは，太陽光や照明光，機械の発する振動，熱などのエネルギー（エナジー）を採取（ハーベスティング）し，電力を得る技術．環境発電とも呼ばれる．
3）https://www.modum.io/（2020/5/2閲覧）．
4）テレマティクスとは，テレコミュニケーションとインフォマティクスから作られた造語で，移動体に移動体通信システムを利用してサービスを提供することの総称．テレマティクスサービスとも呼ぶ．
5）出所：https://www2.deloitte.com/xe/en/insights/focus/internet-of-things/transportation-iot-internet-of-things-ecosystem.html　（2020/5/2閲覧）
6）https://maraoz.com/2020/07/18/openai-gpt3/（2020/5/2閲覧）．
7）TOS：ターミナルオペレーティングシステム（Terminal Operating System）とは，港湾コンテナターミナルにおいて業務処理するITシステムのことを指す．一般的に貨物の移動と保管の制御や，積載のプランニングなどの機能を持つ．

8）https://www.yanxiangbao.com/（2020/5/2閲覧）.
9）MaaSはモビリティ・アズ・ア・サービス：サービスとしての移動の略で，ICTを活用して交通をクラウド化し，交通手段の運営主体にかかわらず，自家用車以外のすべての交通手段による様々な移動手段を組み合わせて満足度の高い移動が行えるようなサービスを指す.

第14章

物流のデジタルトランスフォーメーション（DX）（2）

1 ブロックチェーン技術

ブロックチェーン（BC：Blockchain）は，分散型台帳技術とも呼ばれる，ビットコインやその他の暗号通貨を支える技術である．BCは，多くの産業でゲームチェンジャーであることが証明されており，金融，保険，電子商取引，ヘルスケアなど，ほぼすべての産業や分野で無限の応用を有している．言い換えれば，BCは，デジタル情報が交換されるあらゆる場所で重要な役割を担っている．BCは，消費財セクターにおける資産追跡全体に透明性をもたらし，説明責任を強化し，製品リコールを合理化し，消費者の信頼を向上させる．ヘルスケア分野では，BCは医療従事者間で患者の医療記録を安全に共有でき，医薬品のSCを管理できるほか，医療研究者が隠れた遺伝暗号を解読するのにも役立つ．ビジネスや研究分野では，知的財産の追跡にも役立っている．また，金融分野では，BCはフィンテック（FinTech）革命を推進する燃料であり，金融取引における不正行為の追跡に応用されている．このように，BCは，リスクを低減し，拡張可能な方法で透明性をもたらす革命的な技術である．

大手のIT調査会社ガートナー社による，2025年にBCがつくり出す付加価値は1760億ドルである[1)]．この数字は実際に世界のGDPの2年分に相当する金額となる．さらに2027年に世界のGDPの1割がBC上に保管されると予測されている．また，ハーバードビジネスレビュー（Harvard Business Review）によると，これからの10年間，最もビジネスに影響するのは，SNS，ビッグデータ，クラウドコンピューティング，ロボティクス，AIさえでなく，それはBCだといわれている．これらの事例から，BCは最重要視されていることが分かる.

（1）ブロックチェーンの定義

イギリス政府は，BC を「多数の取引記録を受け取り，それらをブロックにまとめるデータベースの一種である」と定義している．その後，各ブロックは暗号署名を使用して次のブロックに連鎖する．これにより BC は台帳のように使えるようになる．ここでポイントは 2 つある．1 つ目は，BC はデータベースの一種であること．2 つ目は，暗号技術が応用されていることである．BC には数種類の暗号技術が使われているが，その中でもコアとなるのは，ハッシュ（Hash）関数である．

ハッシュというのはフランス語が由来で，もともと斧の意味である．そこから切り刻んで混ぜる意味として使われている．ハッシュ関数において，元のデータから特定のサイズの別のデータを計算によって作る．ハッシュ関数の性質には，衝突困難性，原像計算困難性と第 2 原像計算困難性がある．これらをわかりやすく表現すると，① 同じメッセージから同じハッシュ値が出力される，② 元のデータからハッシュ値を計算することは簡単にできても，その道筋を逆方向にたどることはできないという一方向性，③ 元のデータサイズに関係なくハッシュ値の長さは固定である．

ハッシュ関数によく使われているアルゴリズムには，主に 4 種類がある．MD5（Message Digest 5），SHA（Secure Hash Algorithm）1，SHA2，SHA3 などがある．このうち MD5 と SHA1 は衝突耐性に関する脆弱性があったので，すでに破られている．現時点で，SHA2 と SHA3 は安全と言われる．BC には主に SHA2 が使われている．SHA2 はさらに SHA512 と SHA256 などのように分類される．この数字はハッシュ値の長さを意味する．SHA512 のハッシュ値の長さは 512 ビット（64 バイト）である．

（2）ブロックチェーンの仕組み

BC において，1 つのブロックの中に 3 つのパーツが含まれる（図 14-1a）．1 つ目は，これまで同意されたトランザクション（取引）のハッシュ，つまり前のブロックのハッシュ．2 つ目は，新たなトランザクション．そして，3 つ

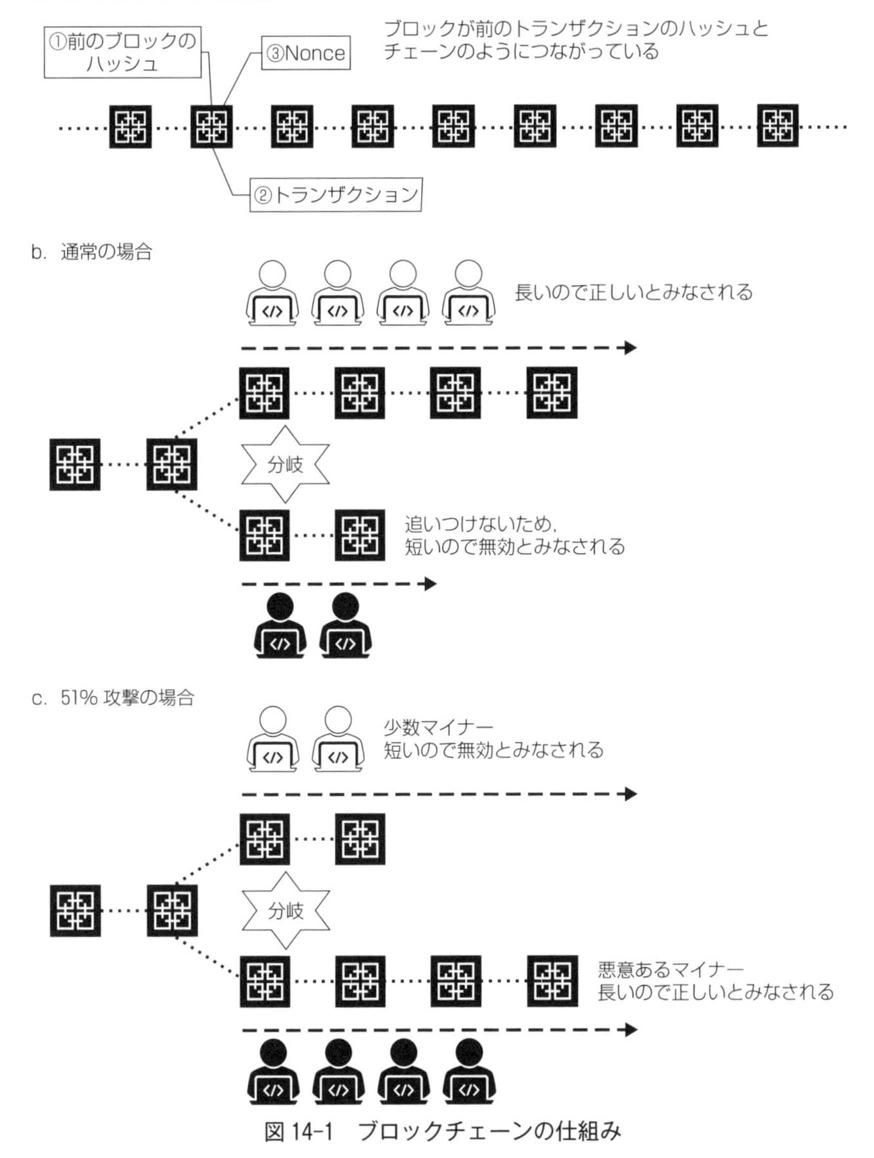

図 14-1　ブロックチェーンの仕組み

目はNonceと呼ばれる新しいブロックを追加する際に生成する32ビットの数値．Nonceはnumber used onceの略語で，すなわち一度限り使用される数字の意味である．これまでのブロックのトランザクションを記録しているハッシュ値，そして新たなブロックのトランザクションデータ，そしてNonceを加え新たなハッシュ値が生成される．このハッシュ値を次のブロックに渡す．

通常ではBCが1つ1つ連鎖していく（図14-1b）．チェーンはどんどん長くなる．ここで悪意を持つ個人，またはグループがデータを改ざんしようとする．これによって分岐ができて，これはフォーク（Fork）と呼ばれる．通常では改ざんした方が追いつけないため，チェーンが短いので無効と見なされる．しかし，51％攻撃が発生する場合，状況が変わる（図14-1c）．51％攻撃というのは，悪意のあるグループ，もしくは個人によってネットワーク全体のハッシュレート[2]51％以上を支配し，不正な取引を行うことである．ここで悪意のあるマイナーは51％以上，つまり半分以上のハッシュレートを支配しているので，書き換えた分岐の方は長くなり，正しいと見なされる．つまり51％以上のハッシュ値も書き換えをすれば改ざんができるようになる．

通常の場合，50％のハッシュレートを確保するのは非常にコストが高いため，現実的に51％攻撃はあまり起こり得ないとされているが，実際に発生した事例も報道されている．例としては，2018年5月ごろにモナコイン（Mona）やビットコインゴールド（Bitcoin Gold）などの暗号資産に対して51％攻撃とされる不正ハッキングが起こり，被害額は20数億円以上に及んだ[3]．

ハッシュ関数の仕組みを利用して改ざんを検出できる（図14-2）．まずは真のデータを用意する．小文字で書いているblockchainを真のデータとする．そこで大文字に変換したり，そしてアルファベットのO（オー）を数字の0（ゼロ）に書き換えたりしたら，幾つかの異なるバージョンの改ざんしたデータを作成する．これらのデータを，ハッシュ関数を用いてハッシュ値を計算する．

図で示しているように，どれが真のデータかを検証するには，元のデータの内容を知らなくてもハッシュ値を比較すれば分かる．すなわち，ハッシュ値が一致しているものが改ざんされていない，真のデータということが分かる．BCはこの仕組みを利用して金融分野をはじめ，たくさんの場面で応用されている．

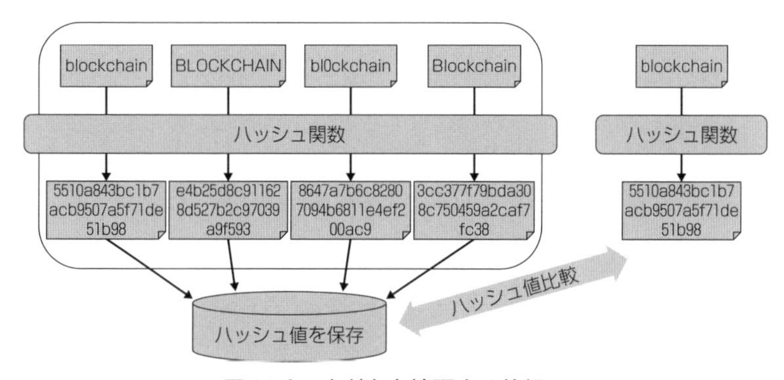

図14-2　改ざんを検証する仕組み

ハッシュ関数の性質からBCは以下3つの特徴を持っている．まずは，改ざん困難性．51%のハッシュレートを支配できない限り，改ざんは不可能という不変性を持っている．次に管理者が存在しないという非中央集権型管理．この非中央集権型モデルにおいては，参加者がすべての取引情報をオープンにして，そして総合監査により情報の安全性と可用性が実現される．最後に，スマートコントラクト（Smart Contract）が行えること．スマートコントラクトとは，当事者によって合意されたルールセットである．このルールセットと一致すれば，契約はプログラムによって自動的に実行される．

（3）ブロックチェーンの分類

BCは大きく2種類に分けることができる．ビットコインをはじめとする暗号資産に使用されているのは，パブリックBCと呼ばれるものである．誰でも匿名で参加でき，1つ1つのトランザクションには参加者全員の承認が必要なので，現時点での規模では1つのトランザクションに数分かかる．それに対してビジネスに応用されているのは，プライベート型，またはコンソーシアム型のBCである．参加者の身元が判明した上での参加となるので，トランザクションは短い時間で処理可能である．

（4）ブロックチェーンの物流分野での応用

BCは，改ざん困難性という性質によるトレサビリティ（Traceability）管理，そして，国際物流における個々のマイルストーン（「コンテナの搬入」，「船の出港」，「通関手続きの完了」など）の可視性を提供することができる．

国際物流において解決すべき課題は多数ある．例としては，参入者が多い，情報の共有にばらつきや遅延がある．企業目線から見ても，現時点の国際物流輸送過程が不透明であるため，様々な課題に直面している．例えば，不良製品が発生した場合，製造者や流通経路が不透明なため，リコールコストが高い．また，製品の偽装の発見・防止するのは難しい，突き止めることができてもコストが高い．真贋性を担保する仕組みに需要性がある．さらに，製品の破棄コストが高いため，産業廃棄物処理にも透明性が求められる．BC 技術を用いて，これらのすべてのトレサビリティを提供する解決方法が提供される．

① トレサビリティ事例

【トレードレンズ（TradeLens）】

トレードレンズは船会社マースクと大手 IT 企業 IBM が共同開発したブロックチェーンに基づく物流プラットフォームである．2018 年 12 月に商用化され，現在最大級のネットワークと取扱量を保有している[4]．

図 14-3 のように，左側の輸出側から右側の輸入側まで，現在ではトレードレンズのプラットフォーム上では，およそ 250 位のマイルストーンがほぼリアルタイムで提供される．粒度が細かく，SC 上のできることのトレサビリティが提供されている．

【TE フード（TE-Food）】

TE フード社（ドイツ）が BC 上で食品の追跡管理仕組みを提供している[5]．最初に，製品の情報をデジタル化し，製品のデジタルツイン（Digital Twin[6]）を作

図 14-3　国際物流トレサビリティの一例

成する．その後QRコードに保存して，その後ニーズに合わせて，オムニチャネルのデータを収集可能という．収集したデータはBCの台帳に管理されている．そして，製品に関する各種の履歴を必要に応じて消費者に共有することは可能になる．例えば，オーストラリアン・ビーフのような輸送中の温度管理が必要，偽装されやすい食品の管理が可能である．BC技術により信頼度の高いトレサビリティを用いることで，高級品や高単価な製品に流通経路の透明性は付加価値になる．

② スマートコントラクト事例：電子船荷証券（eBL）

物流業界におけるIoTの応用は，BCの技術と融合することで，SCに全く新しい透明性をもたらす電子船荷証券（eBL）を生み出している．この2つの技術の融合により，スマートコントラクトを用いるサービスが生まれ，商品の出発地から顧客の手元に届くまでのすべての段階をモニタリングできるようになった．このようなサービスでは，センサーとGPSが重要な役割を担っている．両者は，出荷中に遠隔地からリアルタイムで温度，湿度，位置などを測定し，契約の条件がすべて満たされていることを確認することができる．

この分野の事例として，WAVE社のBLサービスの概要を紹介する[7)]．WAVEのBLサービスにおいて，BLの所有者は，紙の文書と同水準の管理ができる．また，独自のBCプライバシーレイヤーを実装していることより，機密性，自律性，完全制御性をすべて提供することができる．電子船荷証券を利用することで，新たな法的問題や法的責任が発生することもない．詳細は以下にて説明する．

【使用する技術】

WAVE BLには，以下の技術を使用している．

P2P文書転送　WAVE BLネットワークは，船荷証券を直接P2Pで転送する．P2P（peer to peer）とは，サーバーレスの技術で，サービスプロバイダーの中央サーバーを通さずに，当事者間で文書を転送することができる．つまり，データが第三者にさらされる可能性はゼロであり，第三者があらゆる文書転送を妨害することはできない．

分散型レジストリ　BC技術に基づく分散型レジストリを利用し，所有権や権利の変更を追跡できる．このレジストリは分散型であるため，単一障害点を持たず，改ざんが極めて困難である．また，誰でも自分で検証を行うことができるため，権利や所有権の移転の認証・確認をサービス提供者に依存する必要がない．

BC プライバシーレイヤー　BC が本来パブリックであることを克服するため，WAVE BL は独自のプライバシーレイヤーを用いて BC 情報を暗号化している．プライバシーレイヤーにより，取引情報を公開することなく，自律的な文書転送というスマートコントラクトの利点を享受することが可能になる．そのため，第三者が WAVE BL の取引台帳から機密性の高い商業情報を入手したり，マイニングしたりすることはできないので，ユーザーは安心して利用することができる．

【法的問題への対処】

紙ベースの BL は，紛失，遅延，詐欺などリスクに晒される．対して，電子船荷証券は子ネットワークを通じて迅速かつ安全に送信されるため，安全面もコストの面も優れている．法的問題に関して，以下のように対処している．

商業的中立性　紙の BL の裏面には運送契約が記載されており，発行者，荷送人，権利者の間の関係を規定する役割と規則，および契約を管理する．WAVE BL を利用する場合，eBL の発行者は，発行の一環として，その契約書をアップロードする必要がある．当事者は，紙の BL で使用するのと同じ運送契約を使用することができる．

法的規定　あらゆる種類の BL に対応する 1992 年に制定された英国 COGSA 法[8)]の規定がある．WAVE BL に利用者は登録時にこの細則に同意しないといけない．WAVE BL を使用することで，すべての WAVE BL ユーザーが約束する明確な契約上の義務を設定し，ユーザーの法的立場を強化することができる．デジタル文書への裏書き，スタンプや署名の付与，プライバシーを重視した取引など，WAVE BL プラットフォームで発行される船荷証券は，紙文書のリスクを軽減しながら，紙文書と同じような法律保護を提供する．

同一の保険適用範囲と国際船員保険クラブの承認　WAVE BL を通じて発行される電子 BL は，紙の BL に適用される保険と相違がない．International Group of P&I Clubs（IGP&I）は，2019 年 12 月 23 日に WAVE BL の法的枠組みを正式に承認し，WAVE BLの分散型ネットワークにおける物理資産の電子化を支える技術を認定した．その結果，WAVE BLの船荷証券は，保険会社から紙で発行されたものと全く同じように扱われるようになった．

スマートコントラクトの応用は，電子BL以外に，自動貿易決済に応用する試みも始まっている．データはBCに保存されるため，データの盗難やサイバー攻撃の確率はかなり低くなる．そのため，事前に提示された条件をすべて満たせば，支払いが自動的に行われる．また，貨物の破損や配送の遅れなどの理由で契約違反が発生した場合，顧客は支払いを拒否し，契約を取り消すことができる．これにより，契約仕様に対する双方向の権限が維持され，SCの安全性，透明性，トレサビリティがさらに強化される．

さらに，スマートコントラクトは各種の行政業務にも適している．例えば，通関業務において，輸入側税関は貨物の輸出のために荷受地で搬入した時点から関連情報を随時受取，当該貨物は貨物の引渡地に到着する前にすでに通関用の書類を入手したため，税関主導で通関手続きを行い，輸入者は関税を支払えば，内国貨物と同様に到着次第すぐに受取可能となる．このような「ボーダレス越境貿易」は，すでにサウジアラビアなど一部の電子化が進んでいる国において実証実験されている．

2　フィジカルインターネットにおける応用

現在，物流効率化や温室効果ガス削減への最も有効な対策として，フィジカルインターネット（PI：Physical Internet）に注目が集まっている．ここ数十年の間に，物流ネットワークの性能は飛躍的に向上した．しかし，この迅速的な発展に伴い，環境と社会へのダメージも増大させられている．Ballotら（2014）はシミュレーションに基づき，PIを用いる場合，従来の輸送方法よりCO_2排出量60%の低減，在庫は3分の1まで，積載量のロスは2分の1までの削減を実現したことを報告している．

（1）フィジカルインターネットの概要

PIは，2010年にモントルイユ氏によって提案された（Montreuil, Meller and

Ballot 2010)．彼は PI を物流各プロセスのすべての要素を効率的かつ持続的に相互接続する，オープンでグローバルなロジスティクスネットワークと定義した．すなわち，インターネットにおける通信の仕組みを物流に応用したものである．具体的に，物流事業者個別の物流ネットワークを相互接続し，物流アセットの共有化，物流網の統合を実現する仕組みである．

PI には貨物の保管，移動，供給，デリバリーを含む完全な SC が含まれており，PI ネットワークは，各種物流業者によって構成される．PI の目標は，既存の物流ネットワークの相互接続に基づく，グローバル物流システムを構築することである．これを達成するため，プロトコルが標準化されたセット，モジュラーコンテナとスマートインターフェースが組み合わせられている．

PI の特徴として「モジュール化」，「相互接続性」，「標準インターフェイス及びプロトコル」が挙げられる．

①「モジュール化」はモジュール化されたコンテナ，すなわち PI コンテナによって実現される．これまで輸送には 40 ft，12 ft といった海上コンテナや鉄道コンテナが主流で使用されているが，PI にはより小さな輸送ユニット PI コンテナを使用する．PI コンテナと呼ばれるモジュールコンテナ（図 14-4）は様々なサイズがあり，無駄を省けるように組み合わせて積載できる．

モジュールコンテナの他，PI-stores，PI-movers，PI-conveyors，PI-gateway なども提案されている．

PI において物流ネットワーク（回線）の共有化を行うためには，PI コンテナ

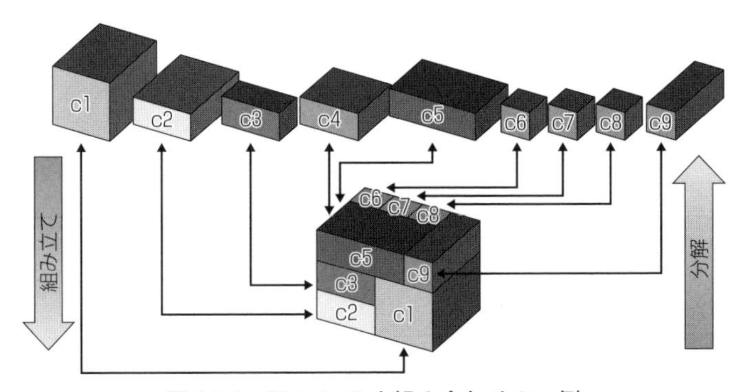

図 14-4　PI コンテナ組み合わせの一例

出所：Montreuil, Meller and Ballot (2010) を参照し筆者作成．

のサイズ，素材，機能等が正しく定義され，貨物の混載や積替の容易性が確保されていることが必須である．特に内陸輸送に適応しているモジュールコンテナにおいては，効率的に取り扱える，より良いスペース利用率，10年以上の耐用年数，内容物の非特定化，混載商品ごとの密閉化などの点が重要である．

②「相互接続性」は「ハブ」によって実現される．ハブとは，貨物取扱の拠点を指す．モジュール化されたコンテナの使用を前提とし，ハブにおいて，各種のハンドリング機器を用いて効率的な積替作業を行うことが鍵である．ハブにおける積替時の品質，コスト，所要時間を，小口混載輸送の場合であっても貸切輸送と遜色ないレベルにすることが求められる．相互接続を実現させるために，各ハブが独立した事業者の市場になる，輸送は割り当てや再配分を要求する，現在のソリューションが改善される場合のみ，積み替えを行う，信頼できるパートナー間の契約の標準化が求められる（Ballot 2018）．

③「プロトコル」は，PIにおける物流機能・物流リソースを使い，貨物をやりとりするための運用上の規約や手順である．

PIの特徴を活かすため，BC技術のように機密を保護しながらデータを共有する技術が不可欠となる．PIにおけるBC技術の応用範囲を以下のように提案する．PIにおいて，フィジカルである物流，インフォメーションである情報流，さらにファイナンスである資金流という3つの流れがある．この中の，インフォメーションとファイナンスの2つにはBC技術が不可欠である（平田2021）．

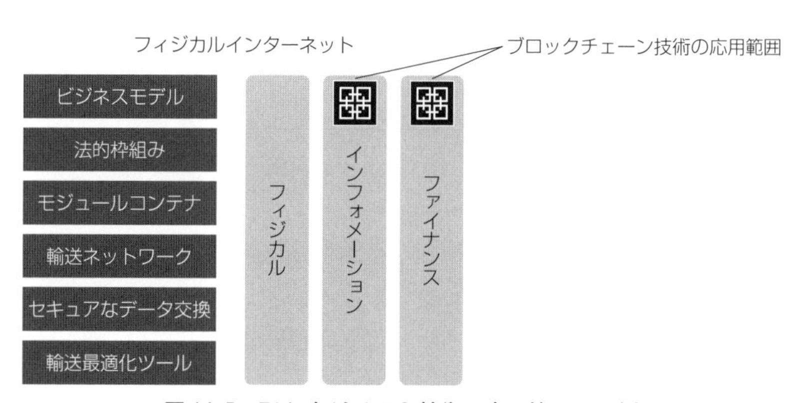

図14-5　PIにおけるBC技術の応用範囲の一例

（2）PI とブロックチェーン技術の海事輸送への実装するための枠組み

実装に向けて，平田（2021）は5つのコンポネントからなる新たな枠組み「PiChain」を提案している（図 14-6）.

最初のコンポネントは，物流ネットワークを相互接続する PI である．第2コンポネントは，クラウドコンピューティングやエッジコンピューティング[9]をサポートする5G，6G に加え，様々なタイプの IoT デバイスをサポートする LPWA[10] などのネットワークも含む．3番目のコンポネントは，センサー，IoRT[11]，ドローンなどの IoT デバイスを含む．4番目のコンポネントは，AI による最適化，ビジネスインテリジェンス（BI）[12]による可視化のためのビッグデータが含まれる．最上層は意思決定コンポネントである．物流の持続可能性と SDGs という目標を達成するため，ビジネスおよび運用プロセスの最適化が実施される空間を指す．これらコンポネントはすべて，データの改変を防ぐ BC を用いる分散型プラットフォーム上で機能する．BC はトレサビリティと各種決済にも対応している．イメージを摑みやすくするため，ここで一例を挙げたい．将来の貨物輸送においては，貨物のサイズに合わせた PI コンテナを用いて，貨物の目的地，サイズ，重量などの制約条件によって，AI が自動的最適な輸送経路・手段を計算する．これらの情報が確定，または更新次第，荷主に自動的に送信される．荷主の社内システムにおいて，AI が最新輸送情報に用いて，発注・倉庫での保管・生産計画を最適化する．荷受人側が貨物を受け取り次第，BC のスマートコントラクトで管理する決済が自動的に実行される．

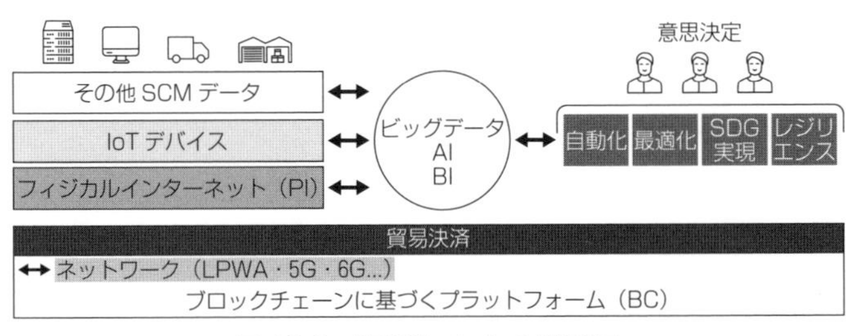

図 14-6 「PiChain」の俯瞰図

（3）海外の取組み

海外における PI への取組みとして，欧州を中心とした実証研究が行われている．

表 14-1　海外におけるフィジカルインターネットへの取組み

プロジェクト名	活動期間	目的・概要	課題認識
MODULUSHCA (Modular Logistics Units in Shared Co-modal Networks)[1]	2012 年 10 月から 2016 年 1 月．11 カ国から，15 団体が参加．	容器の標準規格開発を通じて，積替え時の荷捌き効率化．物理的なサイズ・情報共有・オペレーションの 3 つの点で，グローバルレベルでの相互接続性を確保．初期ステップとして，日用消費財（FMCG）を対象．	CAD 上での設計から，素材選定，プロトタイプ開発まで実施．ユニットロード化するとともに，RFID 等を搭載し，デジタル面での接続性も企図．GS1 標準[2]コードを用いた情報連携の枠組みを構想．
Clusters2.0[3]	2017 年 5 月から 2020 年 7 月．10 カ国から，29 団体及び各国のターミナルが参加．	物流集積拠点（Logistics Clusters）を中心とした物流網集約化を目的に，コンテナ，ハブ，情報連携のあり方をサブプロジェクトに分けて検討．インターモーダルでの積替えに適したユニットロードの規格化，実証研究を実施．	長距離トラック輸送を鉄道へシフトするには，結節点での積替え効率が鍵．インターモーダルでの積替えに適したコンテナ・ハブ・情報連携（プロトコル）のあり方を検討．
ICONET[4]	2018 年 9 月から 2021 年 2 月．1 カ国から，17 団体が参加．	フィジカルインターネットを制御・管理する ICT インフラ（PI Control and Management Platform）のあり方を構想，具体化．物流，情報流に加え，金流まで包含した情報連携基盤を志向．	物流，情報流に加え，金流まで包含した情報連携基盤を志向．ブロックチェーンを用い，着荷時に物流ステークホルダー間での決済を完了．

注：1）https://cordis.europa.eu/project/id/314468/reporting，https://www.2zeroemission.eu/research-project/modulushca/（2020/5/2 閲覧）．
2）GS1 とは，Global Standard One の略称．本部はベルギーのブリュッセルと米国ニュージャージー州にあり，110 カ国以上の国と地域が加入している国際組織．国内では医療業界や物流業界に GS1 の標準化が浸透されている．GS1 事業者コード，商品アイテムコード GTIN（JAN コード），シリアル番号 SSCC（Serial Shipping Container Code），場所を識別する GLN によって構成される．
3）http://www.clusters20.eu/clusters-2-0-deliverables/（2020/5/2 閲覧）．
4）https://www.iconetproject.eu/（2020/5/2 閲覧）．

3 国際物流分野においてDXを推進するための課題とデザイン手法

AIやIoTなどのデジタル技術の進展と普及は社会や産業に大きなデジタル変革（DX）をもたらしている．この変革を成長の機会として生かすか，変革に対応できずに淘汰されるのか，DXは物流企業をはじめ，すべての企業にとって大きなチャンスであり，大きなチャレンジでもある．

Müllerら（2018）がドイツの中小企業で調査したインダストリー4.0で生み出される価値のリストを参考に，物流企業DXの生み出す価値を整理した（表14-2）．今後は「守りのDX」と「攻めのDX」は統合されていくと思われる．

物流分野DXの課題には，基盤技術の課題（例：データの収集，AIモデルの品質保証），管理の課題（例：セキュリティとプライバシー，現場の知見の活用不足），運用上の問題（例：トラブル時の責任問題，技術進化に追従できない），組織・人的資源の問題（例：人材不足，変化への抵抗），事業面の問題（例：ビジョンの欠如，既存事業とのシナジー不足），市場面の課題（ユーザエクスペリエンス問題，投資対効果不明）などが挙げられる（Uchihira 2019；Munim, Duru and Hirata 2021）．

解決すべき課題や目指すべきビジョンが明確にし，経営幹部のデジタル技術への深い理解と強いリーダーシップで成果を具現化することが，DX事業成功の要因といえる．IoTやAIを活用するビジネスモデルは以下のようにまとめ

表14-2　物流企業DXの生み出す価値

守りの物流企業のDX価値	攻めの物流企業の価値
自社課題の解決	**オペレーションDX**
• 生産性の向上	• 業務データと管理システムの統合
• エネルギーの削減	• AIによるデータ解析サービス
• 保守の容易化	• リモートメンテナンス
• 在庫削減	**利害関係者経験向上**
• 負荷平準化	• 顧客接点のデジタル化
• オペレーション状況の可視化	• 顧客のバリューチェーン統合
• 設備の稼働率向上	• サプライヤー透明性向上
• 人手不足の緩和	• 納期の信頼性と柔軟な対応
• トレーニングの支援	• 契約・支払いの電子化・自動化
• ベテランから新人への知識伝承	• 新しい課金方式（サブスクリプション・機能別課金など）

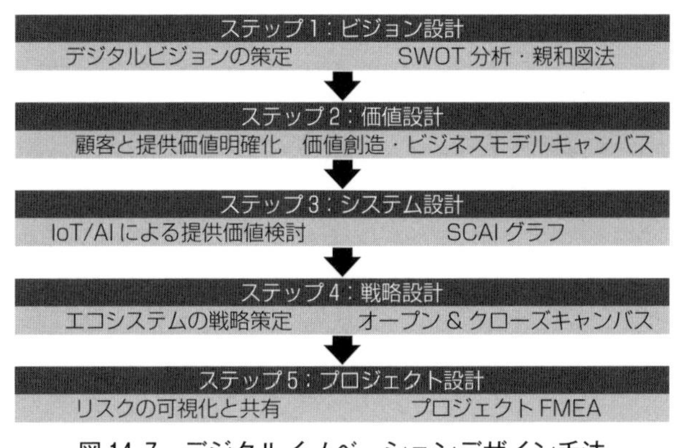

図14-7　デジタルイノベーションデザイン手法

出所：Uchihira（2019）より整理.

る（図14-7）.

使用する手法について，簡単に説明する.

【SWOT分析】 SWOT分析とは，自社の事業の状況等を，強み（Strengths），弱み（Weaknesses），機会（Opportunities），脅威（Threats）の4つの項目で整理して，分析する方法である.

【親和図法】 親和図とは，あるテーマに対する意見や事実を言語データ化して，似た性質のものを結び付けて図示化したものである．未知の問題や未経験の問題など，不明確な課題に対する解決策を導き出すための手法で，別名でKJ法とも呼ばれている.

【ビジネスモデルキャンバス】 ビジネスモデルキャンバスは，新規事業の立ち上げや既存事業において，組織内で共通認識を持つための設計図である（図14-8）．9つの要素から構成された1枚のシートである.

【SCAIグラフ】 SCAIグラフは，提案価値を起点にしてIoT/AIシステムの基本的な構成を考えるためのデザインフレームワークである．ビジネスモデルキャンバスで抽出された「提案価値（VP）」に対して，IoTを活用してセンサデータから提案価値をどのように生み出すのかを，SCAIグラフを用いて整理する．SCAIグラフは，4つの階層から構成され，各階層の「Sensing」「Connection」「Analytics & Intelligent processing」の頭文字をとってSCAIグラフと呼んでいる．Sとは，センサで生データを収集すること．Cとは，収

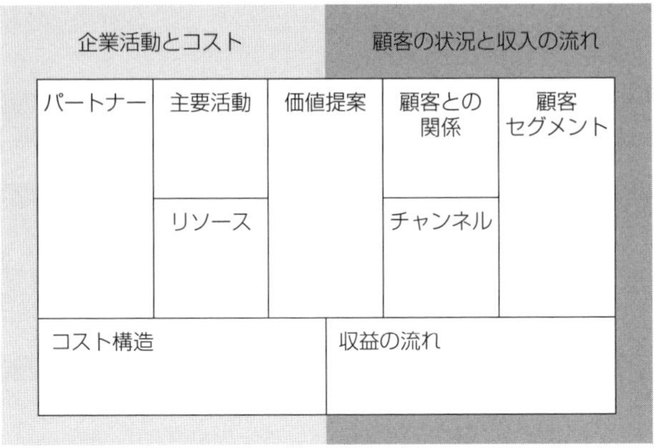

企業活動とコスト
顧客の状況と収入の流れ
パートナー
主要活動
価値提案
顧客との関係
顧客セグメント
リソース
チャンネル
コスト構造
収益の流れ
図 14-8　ビジネスモデルキャンバスの 9 つの要素

集したデータを統合し情報にすること．AI のステップでは，情報を分析，処理し，価値を提案する．この「Sensing」「Connection」「Analytics & Intelligent processing」の実装は，近年，様々な IoT や AI のプラットフォームが提供されており，それらを利用することで容易に構築可能になってきている（内平 2019）．

【オープン & クローズキャンバス】 オープン＆クローズキャンバスは，オープン＆クローズ戦略の内部・外部リソースを記述するためのチャートであり，

オープン領域
クローズ領域
外部知識リソース
目利きリサーチ
真似できないコア技術
調達エンジニアリング
外部調達リソース
フルターンキー化
外部展開リソース
ターゲット顧客・市場
図 14-9　オープン & クローズキャンバスの例
出所：内平（2018）．

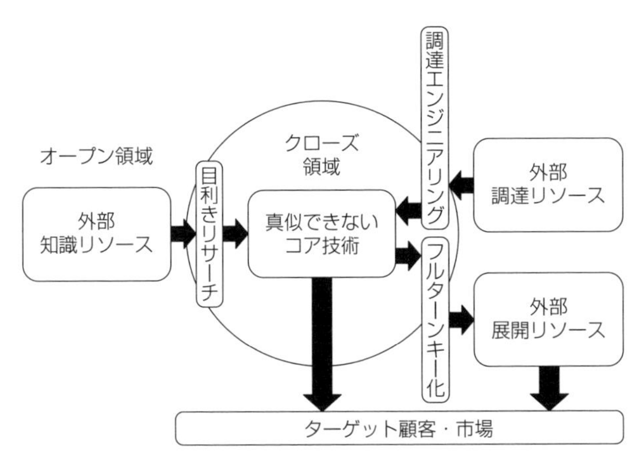

クローズ領域とする「コアリソース」，オープン領域で活用する4つの外部リソース「知識リソース」「製造リソース」「展開リソース」から構成される（図14-9）.

【プロジェクト FMEA】プロジェクト FMEA（Project Failure Mode and Effects Analysis，故障モード影響解析）とは，製品開発で用いらせるリスク評価手法のFMEA をプロジェクトマネジメントに適用したものであり，プロジェクト実施時に想定される「困難」を「故障モード」として抽出し，考えられる原因と影響を事前に解析・評価・共有する手法である.

DX は大きな社会・産業構造の変革を伴うため，DX 推進には，単なる AI や IoT 技術の研究開発だけでは不十分であり，ビジネスモデルやプロジェクトマネジメントを含む新しい時代の技術経営としてのデジタルイノベーションの研究開発が不可欠である.

演習問題

1．ブロックチェーン技術はどのようにトレサビリティを提供するのを説明しなさい.
2．フィジカルインターネット社会実装における問題点を説明しなさい.

注

1）https://www.gartner.com/en/documents/3833684（2022/ 5 / 2 閲覧）.
2）採掘速度ともいう．暗号資産をマイニングする際の計算力や採掘の速さを表したものである.
3）https://crypto.watch.impress.co.jp/docs/event/1125410.html（2022/ 5 / 2 閲覧）.
4）https://www.tradelens.com/（2022/ 5 / 2 閲覧）.
5）https://te-food.com/（2022/ 5 / 2 閲覧）.
6）デジタルツインとは，物理世界（現実世界）から収集した様々なデータを，まるで二子（Twin）のように，サイバー世界（バーチャル世界）で再現する技術のことを指す.
7）https://wavebl.com/（2020/ 5 / 2 閲覧）.
8）COGSA：Carriage of Goods by Sea Act. の略称．海上物品運送法，日本の国際海上

物品運送法にあたる.

9）IoT 端末などのデバイスそのものや，その近くに設置されたサーバーでデータ処理・分析を行う分散コンピューティングのコンセプトである．クラウドにデータを送らず，エッジ側でデータのクレンジングや処理・分析を行うためリアルタイム性が高く，負荷が分散されることで通信の遅延も起こりにくいという特長を持つ.

10）Low Power Wide Area の略で，低消費電力での長距離通信のこと.

11）Internet of Robotic Things の略で，ロボットによるモノのインターネットのことを指す.

12）企業が蓄積しているデータを用いたデータマイニングや分析を行い，結果を可視化してデータに基づいた業務や経営の意思決定に活用する仕組み，またはソフトウェアのことを意味する.

参考文献

第1章

ポーター，M. E.（1985）『競争優位の戦略』土岐坤・中辻萬治・小野寺武夫訳，ダイヤモンド社.

Croom, S., Romano, P., Giannakis, M.（2000）“Supply chain management: an analytical framework for critical literature review”, *European Journal of Purchasing & Supply Management*, 6(1): 67-83.

Forrester, J. W.（1958）“Industrial dynamics: a major breakthrough for decision makers”, *Harvard Business Review*, 36(4): 37-66.

Hines, P.（1995）“Network sourcing: a hybrid approach”, *International Journal of Purchasing and Materials Management*, 31(2), 17-22.

Lambert, D. M., Cooper, M. C.（2000）“Issues in supply chain management”, *Industrial Marketing Management*, 29(1): 65-83.

Mentzer, J. T., DeWitt, W., Keebler, J. S., Min, S., Nix, N. W., Smith, C. D., Zacharia Z. G.（2001）“Defining supply chain management”, *Journal of Business Logistics*, 22(2): 1-25.

Stadtler, H.（2005）“Supply chain management and advanced planning-basics, overview and challenges”, *European Journal of Operations Research*, 163(3): 575-588.

第2章

臼井修一（2012）『コンテナ物流の基礎』コスモレジェンド.

苦瀬博仁編著（2021）『増補改訂版　ロジスティクス概論』白桃書房.

久保麻紀子・松田琢磨（2014）「パナマ運河拡張後の国際物流に関する調査（中間報告：コンテナ貨物輸送を中心に）」公益財団法人日本海事センター（http://www.jpmac.or.jp/information/pdf/343_2.pdf　2022/5/31閲覧）.

経済産業省（2019）「通商白書2019」.

内閣府（2004）「平成16年度　年次経済財政報告」.

内閣府（2019）「令和元年度　年次経済財政報告」.

松田琢磨・川崎智也（2015）「国際物流の変貌と港湾」，川崎芳一・寺田一薫・手塚広一郎編『コンテナ港湾の運営と競争』成山堂書店.

松田琢磨・花岡伸也（2014）「コンテナ輸送における船社・経路の選択」『土木計画学研究・講演集』49.

吉田友之（2006）『トレードタームズの使用動向に関する実証研究』関西大学出版会.

Cooper, R., Kaplan, R. S.（1988）“How Cost Accounting Distort Product Costs”, *Management Accounting*, 69(10): 20-21.

Frankel, J.（2006）*What Do Economists Mean by Globalization? Implications for Inflation and Monetary Policy*, Harvard University.

第3章

臼井修一（2012）『コンテナ物流の基礎』コスモレジェンド.

日本海事広報協会（2021）「Shipping Now 2021-22」.

日本船主協会（2021）「日本の海運2050年GHGネットゼロへの挑戦」（https://www.jsanet.or.jp/GHG/pdf/summary.pdf　2022/5/31閲覧）.

松田琢磨（2016）「コンテナ船社再編の歴史的展開と経済学的考察」日本海事新聞.

Bernhofen, D. M., El-Sahli, Z., Kneller, R. (2013) "Estimating the Effects of the Container Revolution on World Trade", *CESifo Working Paper Series*, 4136 (http://dx.doi.org/10.2139/ssrn.2228625 2022/ 5 /31 閲覧).
International Transport Forum/OECD (2015) The Impact of the Mega-Ships.
Rua, G. (2014) "Diffusion of containerization", *Finance and Economics Discussion Series*, 88, Board of Governors of the Federal Reserve System.
Stopford, M. (2009) *Maritime Economics 3rd Edition*, Routledge.

第 4 章

池上寛編 (2017)『アジアの航空貨物輸送と空港』アジア経済研究所.
石原伸志 (2015)『貿易物流実務マニュアル』成山堂書店.
井本商運 HP (https://www.imotoline.co.jp/ 2022/ 5 /25 閲覧).
ANA Cargo HP (https://www.anacargo.jp/ja/ 2022/ 5 /26 閲覧).
交通政策審議会海事分科会基本政策部会 (2020)「令和の時代の内航海運に向けて (中間とりまとめ)」国土交通省.
国土交通省 (2021)「総合物流施策大綱 (2021 年度～2025 年度)」.
国土交通省編 (2021)『令和 3 年版国土交通白書』サンワ.
柴崎隆一編 (2019)『グローバル・ロジスティクス・ネットワーク――国境を越えて世界を流れる貨物――』成山堂書店.
中村武史・渡部大輔・松井一 (2021)「中国・欧州間鉄道コンテナ輸送における中国国内での発着地別の貨物輸送量に関する分析」『日本物流学会誌』29: 61-68.
日本舶用工業会・日本船舶技術研究協会 (2017)『欧米の河川舟運産業の実態及び需要に関する調査』日本財団.
野尻俊明 (2014)『貨物自動車政策の変遷』流通経済大学出版会.
福田晴仁 (2019)『鉄道貨物輸送とモーダルシフト』白桃書房.
藤原利久・江本伸哉 (2013)『シームレス物流が切り開く東アジア新時代――九州・山口の新成長戦略――』西日本新聞社.
森隆行編 (2020)『モーダルシフトと内航海運』海文堂出版.
盛山正仁 (2020)『トラック運送の課題・政策と働き方改革』大成出版社.
モレル, P. S. (2016)『国際航空貨物輸送』木谷直俊・塩見英治・本間啓之監訳, 成山堂書店.
渡部大輔 (2020)「欧州におけるトラック隊列走行に関する取り組みの現状」『海運経済研究』54: 1-10.
渡部大輔 (2021)「欧州における大容量貨物車の現状と我が国のダブル連結トラックの普及への示唆」『交通工学論文集』7(5): 20-27.
渡部大輔・三明亮介・百田大輔・松井一 (2013)「メコン地域の陸路輸送における輸送環境の評価に関する研究」『日本物流学会誌』21: 183-190.
Airports Council International (2021) The top 10 busiest airports in the world revealed (https://aci.aero/2022/04/11/the-top-10-busiest-airports-in-the-world-revealed/ 2022/ 5 /25 閲覧).
International Air Transport Association (2021) World Air Transport Statistics (WATS).

第 5 章

小川雅史 (2012)「港湾用語の基礎知識「NVOCC」」『港湾』11 月号.
国土交通省物流審議官 (2015)「我が国物流システムの海外展開戦略を考える」東京大学 ITPU セミナー講演資料.
小島末夫 (2017)「三大インテグレーターの航空輸送ネットワークとアジア展開」, 池上寛編『アジアの航空貨物輸送と空港』アジア経済研究所.
齊藤実（2016）「規制緩和とトラック運送業の構造」『国際交通安全学会誌』29(1): 44-51.
齊藤実・矢野裕児・林克彦（2020）『物流論［第2版］（ベーシックプラス）』中央経済社.
高橋祐樹・若菜高博（2016）「日系フォワーダーの抱える課題と改革方策」『NRI Public Management Review』153.
日本海運振興会（2006）「内航海運市場の実態調査報告書」.
林克彦（2021）「コンテナ物流事業の構造変化——メガキャリアとメガフォワーダーによる市場再編——」『物流問題研究』（流通経済大学　物流科学研究所），71: 126-139.
みずほ銀行産業調査部（2015）「欧州統合下におけるドイツポストDHLの成長戦略」『みずほ産業調査』50: 195-213.
森隆行（2007）『現代物流の基礎』同文館出版.
吉田資（2022）「3PL事業者が求める物流機能と物流不動産市場への影響（1）～拡大する3PLビジネスの現状～」ニッセイ基礎研究所不動産投資レポート.
ライノス・パブリケーション『月刊LOGI-BIZ』2021年9月号.

第6章

Babbage, C. (1968) *On the Economy of Machinery and Manufacturers* (*2nd ed.*), London: Charles Knight Publishing, p. 202.
Kraljic, P. (1983) “Purchasing must become supply management”, *Harvard business review*, 61(5): 109-117.
Links Policy (2020) Covid 19: International Manufacturing Policy Responses-A Preliminary Review of International Approaches to Supporting the Manufacturing Supply Chains and Workforce, IfM and University of Cambridge.
Monczka, R. M., Handfield, R. B., Giunipero, L. C., Patterson, J. L. (2015) *Purchasing and supply chain management*, Cengage Learning.

第7章

臼井修一（2012）『コンテナ物流の基礎』コスモレジェンド.
齊藤実・矢野裕児・林克彦（2020）『物流論［第2版］（ベーシックプラス）』中央経済社.
高田富夫（2017）『ロジスティクス管理の方法』山縣記念財団.
橋本愛喜（2020）『トラックドライバーにも言わせて』新潮新書.

第8章

モーディグ，ニクラス・オールストローム，パーム（2021）『This is Lean 「リソース」にとらわれずチームを変える新時代のリーン・マネジメント』前田俊幸・小俣剛貴・長谷川圭訳，翔泳社.
Christopher, M. (2011) Creating the Agile Supply Chain, available at www.martin - christopher.info; for a wider elucidation of Professor Christopher's work see his seminal textbook, now in its fourth edition, Logistics and Supply Chain Management, Financial Times/Prentice Hall, London.

第9章

小野憲司編（2016）『大規模災害時の港湾機能継続マネジメント』日本港湾協会.
加藤修（1997）『国際貨物海上保険実務（三訂版）』成山堂書店.
苦瀬博仁（2022）『ソーシャル・ロジスティクス』白桃書房.
五箇公一（2019）「日本の外来生物対策最前線」『樹木医学研究』23(2): 120-126.

国際海上コンテナの陸上運送に係る安全対策会議（2021）「国際海上コンテナの陸上における安全輸送マニュアル」国土交通省自動車局安全政策課.
国土交通省（2015）「荷主と物流事業者が連携したBCP策定のためのガイドライン」.
国土交通省（2020）「港湾の事業継続計画策定ガイドライン（改訂版）」.
小山和博（2021）「物流企業における事業継続に向けた方策」『物流問題研究』70: 66-70.
全日本トラック協会（2021）「中小トラック運送事業者のためのリスク対策ガイドブック～BPC作成の手引き～知識編」.
奈良県立医科大学公衆衛生学講座「食品防御・食品衛生 eラーニング教材のご紹介」（https://www.naramed-u.ac.jp/-hpm/e-learning/fd/index.html 2022/5/31閲覧）.
日本倉庫協会（2013）「BCP作成の手引き～大規模自然災害に備えるために」.
日本物流団体連合会（2020）「自然災害時における物流業のBCP作成ガイドライン第2.0版」.
日本リスク研究学会（2019）『リスク学辞典』丸善.
能勢正貴（2021）「国際物流とリスクマネジメント～新たな脅威（COVID-19）の出現」公益社団法人日本ロジスティクスシステム協会第43期国際物流管理士資格認定講座オンライン説明会.
藤沢順・小林卓視・横山健一（2014）『海上リスクマネジメント 2訂版』成山堂書店.
渡部大輔（2015）「海上コンテナに関するサプライチェーンセキュリティと情報通信技術の現状」『日本包装学会誌』24(1): 21-27.
渡部大輔（2018）「国際物流における輸送品質とリスクマネジメント」『日本包装学会誌』27(6): 401-407.
渡邉豊（2008）『国際物流のためのISO28000入門』成山堂書店.
Business Alliance for Secure Commerce（BASC）（https://www.wbasco.org/en 2022/5/31閲覧）.
European Conference of Ministers of Transport（2005）*Container Transport Security Across Mode*, The Organisation for Economic Co-operation and Development（OECD）.
Transported Asset Protection Association（TAPA）（https://tapa-global.org/ 2022/5/31閲覧）.

第10章

カーボンニュートラルポートの形成に向けた検討会（2021）「カーボンニュートラルポート（CNP）の形成に向けた施策の方向性」国土交通省.
グリーン物流パートナーシップ会議（https://www.greenpartnership.jp/ 2022/5/26閲覧）.
経済産業省「ESG投資」（https://www.meti.go.jp/policy/energy_environment/global_warming/esg_investment.html 2022/5/27閲覧）.
国際海運GHGゼロエミッションプロジェクト（2020）「国際海運のゼロエミッションに向けたロードマップ」日本船舶技術研究協会.
国際連合広報センター「持続可能な開発目標」（https://www.unic.or.jp/activities/economic_social_development/sustainable_development/sustainable_development_goals 2022/5/27閲覧）.
国土交通省（2021）「国土交通白書2021」.
国土交通省HP（https://www.mlit.go.jp/ 2022/5/26閲覧）.
小林正典（2021）「持続可能なブルーエコノミー推進に向けた世界の動き」東京財団政策研究所（https://www.tkfd.or.jp/research/detail.php?id=3787 2022/5/30閲覧）.
日本船主協会（2021）「日本の海運2050年GHGネットゼロへの挑戦」.
日本ロジスティクスシステム協会（http://www.logistics.or.jp/green 2022/5/26閲覧）.
日本ロジスティクスシステム協会（2022）「『SDGs×ロジスティクス』入門ガイド～ロジスティクスから読み解くSDGsへの誘い～」（https://www1.logistics.or.jp/Portals/0/research/sdgs/jils_sdgslogistics_wg_report_2022.pdf 2022/7/14閲覧）.
「ホワイト物流」推進運動（https://white-logistics-movement.jp/ 2022/5/27閲覧）.

山縣宣彦・加藤一誠（2020）『「みなと」のインフラ学――PORT2030の実現に向けた処方箋――』成山堂書店.
International Maritime Organization（国際海事機関）（2020）Fourth IMO Greenhouse Gas Study 2020.

第11章

The ロジスティシャンズ（2021）『すべての“医薬品ロジスティシャン”へ医薬品物流担当おたすけ読本』じほう.
大坪未緒（2011）『特殊貨物輸送の基礎知識』オーシャンコマース.
経済産業省 HP（https://www.meti.go.jp　2022/5/12閲覧）.
産業競争力懇談会（2021）「国際規格を活用した海外物流市場の健全な発展の促進」産業競争力懇談会 2020年度プロジェクト最終報告.
ジャクソン・トム（2022）『冷蔵と人間の歴史――古代ペルシアの地下水路から，物流革命，エアコン，人体冷凍保存まで――』築地書館.
損害保険ジャパン日本興亜（2019）「医薬品の適正流通基準と物流会社への期待」『物流ニュース』137: 1-6.
生出『包装・物流用語集』（https://www.oizuru.co.jp/glossary/category_post-39　2022/5/12閲覧）.
日本製薬団体連合会品質委員会（2019）『医薬品の適正流通（GDP）ガイドライン解説』じほう.
日本航空「温度管理輸送サービス」（https://www.jal.co.jp/jalcargo/inter/service/j_tc.html　2022/5/12閲覧）.
日本冷凍空調学会（2012）『改訂新版　冷蔵倉庫』日本冷凍空調学会.
日本冷蔵倉庫協会（2018）「『食品衛生法改正に伴う衛生管理計画書』作成の手引き（HACCPの考え方を取り入れた衛生管理計画書）」.
農林水産物・食品の輸出拡大のための輸入国規制への対応等に関する関係閣僚会議（2022）「農林水産物・食品の輸出拡大実行戦略――マーケットイン輸出への転換のために――」農林水産省.
三井住友海上火災保険（2021）「食品衛生法の改正が物流業界に与える影響について」『MSI Marine News』4月21日号，1-2.
森隆行・横見宗樹・石田信博（2013）『コールドチェーン』晃洋書房.
渡部大輔（2012）「我が国におけるコールドチェーンの成立と物流システムとの関係に関する研究」『日本物流学会誌』20: 77-83.
渡部大輔（2012）「冷凍・冷蔵・定温倉庫の現状」『流通ネットワーキング』7・8月号，4-7.
International Air Transport Association（IATA），CEIV Pharma（https://www.iata.org/en/programs/cargo/pharma/ceiv-pharma/　2022/5/12閲覧）.

第12章

岩尾詠一郎（2009）「物流センターから納品先までの物流活動における効率化方法の検討」『専修大学商学研究所報』41(4): 1-16.
苦瀬博仁編著（2021）『増補改訂版　ロジスティクス概論』白桃書房.
経済産業省商務情報政策局（2021）「標準化・共有化を通じた流通・物流の合理化・高度化について」官民物流標準化懇談会発表資料（https://www.mlit.go.jp/seisakutokatsu/freight/content/001410732.pdf　2022/5/31閲覧）.
国土交通省（2021）「総合物流施策大綱（2021年度～2025年度）」（https://www.mlit.go.jp/seisakutokatsu/freight/content/001409564.pdf　2022/5/31閲覧）.
国土交通省（2021）「自動運転に関する最近の動向」（https://www.mlit.go.jp/jidosha/content/001412120.pdf　2022/5/31閲覧）.
坂本尚登（2009）「EDIの定義と歴史」電気情報通信学会知識ベース「知識の森」第11群6編5-1

(https://www.ieice-hbkb.org/portal/doc_506.html　2022/ 5 /31 閲覧).
中小企業庁（2021）「令和 3 年度 取引条件改善状況調査」(https://www.chusho.meti.go.jp/keiei/torihiki/2021/210915chousa.html　2022/ 5 /31 閲覧).
中小企業庁（2022）「受発注のデジタル化に関する推進方策報告書」(https://www.chusho.meti.go.jp/keiei/gijut/digitalization/download/report_r3.pdf　2022/ 5 /31 閲覧).
松田琢磨・花岡伸也・川崎智也（2018）「バルク輸送とコンテナ輸送の選択に関する意思決定構造の解明」『海運経済研究』52: 61-69.
森隆行監修，平田燕奈著（2018）『e-Shipping――外航海運業務の電子化』海文堂出版.
吉本隆一（2011）「物流 EDI 施策の展開と今後の課題」『国土交通政策研究』96.
Coyle, J. J., Langley, C. J., Novack, R. A., Gibso, B. J.（2017）*Supply Chain Management: A Logistics Perspective, 10TH EDITION*, Cengage Learning.

第 13 章

齋藤政彦・小澤誠一・羽森茂之・南知惠子編（2021）『データサイエンス基礎』培風館.
Savelsberg, E.（2019）"Machine Learning In Terminal Operations"（https://wpassets.porttechnology.org/wp-content/uploads/2019/05/25185151/INFORM-83-pdf.pdf　2022/ 5 / 2 閲覧).

第 14 章

内平直志（2018）「IoT イノベーションデザインとその評価モデル」電子情報通信学会基礎・境界ソサイエティ／NOLTA ソサイエティ大会.
内平直志（2019）『戦略的 IoT マネジメント』ミネルヴァ書房.
竹川隼人・岡村弥実（2020）「人口要因に着目した自動車保有台数と新車販売台数の将来推計」今週の指標 No. 1242，内閣府（2020 年 9 月）(https://www5.cao.go.jp/keizai3/shihyo/2020/0916/1242.pdf　2022/ 5 / 2 閲覧).
平田燕奈（2021）「フィジカルインターネットにおけるブロックチェーン技術の応用性に関する研究」『海事交通研究』70: 67-77.
Ballot, E., Montreuil, B., Meller, R. D.（2014）*The Physical Internet: The Network of Logistics Networks*, La Documentation Française.
Ballot, E.（2018）"Introduction in Physical Internet", IPIC.
Montreuil, B., Meller, R. D., Ballot, E.（2010）"Towards a Physical Internet: The Impact on Logistics Facilities and Material Handling Systems Design and Innovation", 11th IMHRC Proceedings（Milwaukee, Wisconsin. USA).
Munim, Z. H., Duru, O., Hirata, E.（2021）"Rise, Fall, and Recovery of Blockchains in the Maritime Technology Space", *Journal of Marine Science and Engineering*, 9(3), 266.
Müller, J. M., Buliga, O., Voigt, K. I.（2018）"Fortune favors the prepared: How SMEs approach business model innovations in Industry 4.0.", *Technological Forecasting and Social Change*, 132: 2-17.
Uchihira, N.（2019）. Innovation design method for the internet of things: requirements and perspectives. In 2019 Portland International Conference on Management of Engineering and Technology（PICMET）(pp. 1-8). IEEE.

索　引

〈カ　行〉

〈サ　行〉

〈マ　行〉

〈ヤ　行〉

〈ラ　行〉

《著者紹介》（執筆順）

平田燕奈（ひらた　えんな）[はじめに，第1，6，8，13，14章]

神戸大学経営学研究科博士後期課程修了，博士（経営学）．A. P. Moller-Maersk Group で管理職を歴任した後に，2018年5月から，Maersk社とIBM社の協業ユニットであるTradeLensにおいて，ブロックチェーン物流プラットホームの開発推進に従事．2019年に神戸大学数理・データサイエンスセンターに入職し，現在，神戸大学大学院海事科学研究科 准教授．

主要業績

Hirata, E. and Matsuda, T., "Forecasting Shanghai Container Freight Index: A Deep-Learning-Based Model Experiment." *Journal of Marine Science and Engineering*, 10(5): 593, 2022. Hirata, E., Lambrou, M. and Watanabe, D., "Blockchain technology in supply chain management: insights from machine learning algorithms." *Maritime Business Review*, 6(2): 114-128, 2021（2022年最優秀論文賞［Emerald Literati Award］）．『データサイエンス基礎』（共著，培風館，2021年），『e-Shipping――外航海運業務の電子化』（共著，海文堂出版，2018年）など．

松田琢磨（まつだ　たくま）[第2，3，5，7，12章]

東京工業大学大学院理工学研究科博士課程単位取得退学，博士（学術）．（公財）日本海事センター主任研究員を経て，現在，拓殖大学商学部国際ビジネス学科 教授．

主要業績

Matsuda, T., Hirata, E. and Kawasaki, T. "Monopoly in Container Shipping Market: An Econometric Approach." *Maritime Business Review*, 2021.『「みなと」のインフラ学――PORT2030の実現に向けた処方箋――』（共著，成山堂書店，2020年），『コンテナ港湾の運営と競争』（共著，成山堂書店，2015年）など．

渡部大輔（わたなべ　だいすけ）[第4，9，10，11章]

筑波大学大学院システム情報工学研究科博士課程修了，博士（工学）．独立行政法人海上技術安全研究所研究員，米国カリフォルニア大学サンタバーバラ校客員研究員などを経て，現在，東京海洋大学学術研究院流通情報工学部門 教授．

主要業績

『*Global and International Logistics*』（共編著，MDPI Press，2021年），『グローバル・ロジスティクス・ネットワーク』（共著，成山堂書店，2019年），『空間解析入門』（共著，朝倉出版，2018年），『アジアの航空貨物輸送と空港』（共著，ジェトロ・アジア経済研究所，2017年）など．

新国際物流論 基礎からDXまで

2022年9月30日 初版第1刷発行

＊定価はカバーに
表示してあります

著 者 平田燕奈
松田琢磨©
渡部大輔

発行者 萩原淳平

印刷者 田中雅博

発行所 株式会社 晃洋書房

〒615-0026 京都市右京区西院北矢掛町7番地
電話 075(312)0788番㈹
振替口座 01040-6-32280

印刷・製本 創栄図書印刷㈱

ISBN 978-4-7710-3672-7